1 MONTH OF
FREE
READING

at

www.ForgottenBooks.com

By purchasing this book you are eligible for one month membership to ForgottenBooks.com, giving you unlimited access to our entire collection of over 1,000,000 titles via our web site and mobile apps.

To claim your free month visit:

www.forgottenbooks.com/free551377

ISBN 978-0-666-04932-2
PIBN 10551377

ı eʹ

Griechen in Krähwinkel.

Griechen in Krähwinkel.

—

Posse in drei Aufzügen.

Von

Friedrich Heinrich

Friedrich Heinrich.

Ulm,
im Verlage der Stettin'schen Buchhandlung.
1 8 2 5.

Zwei Male auf dem Königl. Würtembergischen Hoftheater in Stuttgart , und ein Mal auf dem Großherzogl. Badi-
schen Hoftheater in Carlsruhe aufgeführt.

Personen.

Rath Staar.

Vice-Kirchenvorsteher Staar, sein Bruder.

Grünbusch, Fabrikant, sein Schwiegersohn.

Ober-Floß- und Fisch-Meisterin Brendel.

Stadt-, Accise-, Cassa-Schreiberin Morgenroth.

Runkel-Rüben-Commissions-Assessor Sperling.

Stadt-Kommandant Rummelpuff.

Vieh-Markt- auch Schaarwacht-Feldwebel Fuchtel.

Stadt-Tambour.

Klaus, der Rathsdiener.

Schäberle. } Stadtsoldaten.
Tigerkopf.

Louise, Verwandte der Brendel.

Schnapper, Wirth einer Dorfschenke.

Luthold,
Flink,   } Studenten.
Hell,
Kugel,

Schund, Theater-Prinzipal.

Studenten. Volk.

in Krähwinkel.

Die Handlung spielt theils in Krähwinkel, theils in einer Schenke, nahe bei Krähwinkel.

———

Erster Aufzug.

Das Theater stellt eine Schenke, eine Stunde von Krähwinkel, vor. In der Mitte steht ein großer Tisch, an welchem die Studenten zechen.

Erster Auftritt.

Chor der Studenten.

Was gleicht wohl auf Erden dem Burschenvergnügen,
Wer ist wohl fideler im Leben als er,
Beym Klange der Humpen in Kneipen zu liegen,
Den Schläger zu schwingen die Kreuz und die Queer;
Ist Burschen-Vergnügen und flottes Verlangen
Wenn nach dem Studiren aus düsterem Saal,
Die Freude und Freiheit ihn lieblich umfangen,
Erglänzet der Wein im gefüllten Pokal.

Gott Amor, bekränzet den Burschen mit Rosen,
Die Musen sind Söhnen ergeben und hold;
Den göttlichen Baechus sie pflegen und kosen,
Der Vater rückt an mit dem funkelnden Gold;
Ist Burschen Begehren und stetes Verlangen
Wenn nach dem Studiren aus düsterem Saal,
Die Freude und Freiheit ihn lieblich umfangen
Erglänzet der Wein im gefüllten Pokal.

Flink.

Courage, Bursche! laßt den Muth nicht sinken; das Geld ist zwar zum Teufel, aber flotte Kerls, wie wir sind, soll's nicht beugen, ihr kennt meine Force im Pumpen.

Hell.

Laß mir alles g'fallen! aber die Ursache, die uns in diese Verlegenheit sezt, ärgert mich. Mir nichts, dir nichts, wegen deiner verrückten Poussage mit der Thor=warts=Tochter, in einem elenden Nest zu kneipen, bis der lezte Heller verpufft ist, und nun die Reise aufgeben zu müssen — ist entsetzlich.

Flink.

Schimpfen, daß ich Euch in's Pech gebracht, kannst du so lang du willst, nur meine Poussage touchire mir keiner, der bleib' ich treu; bin ich erst Philister, und bekomme einen Dienst, so führ' ich sie heim, und heirathe sie.

Hell.

Kannst dich ja um die Erspektanz auf des Vaters Thor=warts=Stelle bewerben.

Flink.

Wär' nicht übel, dürft' doch gleich selbst examiniren. Wo kommen Sie her? wo wollen Sie hin? Haben Sie Pässe? Anstatt daß die Examinations=Philister mir acht Tage mit Fragen auf den Leib gehen, wovon keine einzige in meinem Commersbuche steht.

Hell.

Aber sag' was wir anfangen? keiner hat einen Heller mehr, außer Kugel, und das wird kaum zu unserer Zeche hinreichen.

Flink.

Hab' ich Euch in die Patsche geführt, so führ' ich Euch auch wieder raus, nicht umsonst hab' ich alle Romane gele=sen, Kotzebue's Stücke gesehen, Intriguen studirt,* und eigene Erfahrungen gemacht.

Kugel.

Ach Gott! das nützt nichts! (fängt an zu weinen.) Der

Papa hat mir 30 Louisd'or für's nächste Semester geschickt, und ihr habt alles verputzt. Da! seht! ihr habt keinen Heller mehr und ich noch fünf Thaler! Was soll das auf den langen Weg, den wir noch zu machen haben? — Ach Gott!

Flink.

Das ist uns Wurst!

Kugel.

Und ich sage, das ist uns nicht Wurst, wenn wir nur morgen sagen können, das ist uns Brodt! Bey Euch heißt's immer flottweg: „Das ist mir Wurst," wenn auch auf vier Stunden keine zu sehen ist, ich sage nur, das ist mir Wurst, wenn ich eine in der Tasche habe.

Studenten (lachen).

Flink.

Kerl! wer dich auf den unglückseligen Gedanken, Bursch zu werden, gebracht hat, kann's dereinst nicht verantworten.

Kugel.

Ach Gott! das glaub' ich auch, wollt's auch nicht thun. Mein Vater hat Geld, ist Hofschuhmacher, und da hat meine Frau Mama g'sagt: „Kugelchen muß studiren, Kugelchen darf kein Pechkavalier, muß einst Pfarrer werden! „Ach"! hat sie g'sagt, „seh' ich einst mein Kugelchen auf der Kanzel, so fall' ich vor Freuden in Ohnmacht;" wird aber nicht drein fallen; Kugelchen kommt nicht auf die Kanzel. Ach Gott!

Studenten (lachen).

Flink.

Trockne deine Thränen, du tiefgebeugte Seele! Gleich einer Kegelkugel will ich dich mit kräftiger Hand durch die kritische Kegelbahn unserer Verhältnisse rollen.

Hell.

Laß jezt den armen Teufel in Ruh, und denk' an unsere Lage, die fünf Thaler, die Kugel noch hat, werden kaum zur Bezahlung unserer Zeche hinreichen, was fangen wir dann an?

Kugel.

Ach Gott!

Flink.

Ihr Musen, ihr göttlichen, verlaßt mich nicht! — sagt Burschen: wie heißt das nächste Städtchen von hier?

Kugel.

Krähwinkel!

Flink.

Krähwinkel? Viktoria! Krähwinkel! Göttlich! Hört auf zu bangen und zu sorgen, Bursche! Krähwinkel, das Athen der Spießbürgerei und des Philisterthums, soll der Hafen seyn, in den wir jezt segeln, schon seh' ich die Nacht unserer Verhältnisse verschwinden, und die Morgenröthe freundlich heraufsteigen.

Hell.

Auf welche Art willst du denn dort Geld bekommen?

Flink.

Das weiß ich im Augenblick selbst noch nicht! aber ich bekomme es! (geht nachdenkend im Zimmer herum, ergreift eine auf dem Tisch liegende Zeitung, und fängt an laut zu lesen) „Allmählig treffen die unglücklichen Griechen in Teutschland „ein, und werden überall reichlich verpflegt und beschenkt!"

Bursche, ich hab's! ich, ihr — kurz wir alle sind Griechen, ziehen als solche in Krähwinkel ein, werden verpflegt und beschenkt, und ziehen dann weiter!

Hell.

Was das für Gedanken sind!

Kugel.

Ach Gott! Kugelchen will kein Grieche werden!

Flink.

Sollst auch keiner werden, es ist ja nur zum Schein.

Kugel.

Es könnte ja aber auch Schein-Türken geben, die Kugelchen den Garaus machten! Ach Gott! will lieber Hunger leiden, als Grieche werden!

Flink.

Nun, so hungre denn, daß du schwarz wirst, furcht-
same Pechseele! Ihr übrigen, seyd ihr entschlossen?

Studenten.

Ja, Herr Bruder, wir sind's!

Zweiter Auftritt.

Theater-Prinzipal Schund und der Wirth
der Schenke treten ein, in heftigem Gespräch begriffen. Vorige.

Wirth.

Zum leztenmal sey's gesagt, Monsieur, er bezahlt
mich, oder ich laß ihn einstecken! Glaubt er, die Sache
gehe wie das lezte Jahr, wo er mich statt mit Geld, mit
Haarschneiden, und seinem schlechten Rattenpulver ab-
speißte?

Schund.

Liebster, bester Herr Schnapper, gerne, recht gerne
würde ich meine Pflicht erfüllen, allein stellt mich auf den

Kopf, und kein Heller wird mir aus der Tasche fallen, ach! — ich unglückseligster aller Theater=Direktoren!

Flink (auf die Seite).

Das giebt eine ...tliche Suite, der liegt im nämlichen Spital krank, wie wir!

Wirth.

Kurz, er bezahlt mich, oder —

Schund.

Seyd menschlich, und laßt euch rühren, was kann ich davor, daß im lezten Dorfe die Kunst nicht anerkannt wird! Herr! ich hatte eine Brigade Künstler beisammen, kein Hoftheater dürfte sich deren schämen!

Wirth.

Waren schöne Hechte, entlaufene Bediente und Hand= werksbursche, die den Hobel und die Stiefelbürste besser zu regieren verstanden, als Komödie zu spielen. Kurz, Monsieur Schund! —

Flink
(sich an Schund wendend).

Darf ich meinen Augen trauen, habe ich die Ehre und das Glück, den Theater=Direktor Schund, den hochberühm= ten, der durch seine Darstellungen die Bildung auf dem Lande befördert, in höchst eigener Person, vor mir zu sehen?

Schund (weint).

Ja, ich bin's, der unglückliche, tief darniederliegende Schund, der jezt zum vierundzwanzigsten Mal Schiffbruch lei= det, verlassen von meiner Gesellschaft, irre ich einsam und hülflos im Gefilde.

Hell.

Warum hat Euch denn die Gesellschaft verlassen?

Schund.

Herbes Mißgeschick, und die bedeutenden Ausgaben, die mir meine erste Liebhaberin, Fräulein Rosengürtel, verursachte, sezten mich außer Stand, zwei Monate lang meine Truppe zu bezahlen. All' meine Hoffnung sezte ich auf die Vorstellung des Graf Benjowsky, den ich mit großen Kosten verbunden, am hiesigen Jahrmarkt aufführte, und worauf ich die Gesellschaft vertröstete!

Flink.

Und wie ist die ausgefallen, vermuthlich schlecht?

Schund (bewegt).

Ich selbst, mit einer Trommel angethan, schlug durch die Gassen einen rührenden Generalmarsch, und forderte das Publikum um aller Heiligen willen auf, mich mit zahlreichem Besuch zu beehren! Der Abend kam! Ha! — Schrecklich! und nur wenige Zuschauer erschienen; eine doppelte Verschwörung entspann sich nun, im Stück und hinter den Koulissen, gegen mich, der den Gouverneur spielte. Kabalino, mein erster Intriguant, der den Stepanoff agirte, hezte sämmtliche Künstler und Künstlerinnen auf; was geschah, nach der Vorstellung drangen sie wüthend auf mich ein, zerschlugen meine Kasse, nahmen die Paar Gulden heraus, giengen damit, nebst dem größten Theil meiner Effekten zum Teufel, und ließen mir nichts übrig, als die schlechten Costüme aus Benjowsky und einer Türkenkleidung.

Flink.

Bedaurungswürdiger Schund!

Schund.

Selbst Fräulein Rosengürtel, die sich meines besondern Wohlwollens zu erfreuen hatte, welche die Afanasia spielte, die Benjowsky auf mein Bitten und Flehen in meinen Armen zurückläßt, die das ganze Stück durch der Liebe des Stepanoff, widersteht, reißt der wüthende Russe aus meinen Armen, und sie geht gutwillig mit.

Flink (auf die Seite).

Die Costüme aus Benjowsky hat das Schicksal nicht umsonst uns nahe gebracht! (sich an den Wirth wendend). Wie viel ist Ihnen Monsieur Schund schuldig?

Wirth (schnell).

Vier Thaler drei Groschen!

Flink.

Parole, die bezahle ich! — Herr Wirth! lassen Sie uns jezt allein!

(Wirth ab.)

Dritter Auftritt.

Flink. Hell. Studenten. Schund.

Schund.

Großmüthigster Gönner!

Kugel.

Ach Gott! dann haben wir ja nichts! Mit was denn die Zeche bezahlen?

Flink.

Fiduz, Kugel! — Mein lieber Schund, auch wir sind ganz enorm im Pech.

Schund.

O weh!

Flink.

Haben nur so viel Spähne, um Eure Zeche zu bezahlen. Doch daran jezt nicht gedacht! Ihr gebt uns für's
erste Eure Costüme aus Benjowsky!

Schund.

Recht gerne; sie sind aber zum Theil furchtbar zer-
lumpt, sonst hätten sie meine dramatischen Insurgenten gewiß auch mitgenommen.

Flink.

Bravo! zu unserem Vorhaben sind sie die passendsten. Hört nun meinen Plan, Monsieur Schund: In
Eure Kleider stecken wir uns, Ihr zieht mit nach Krähwinkel, wir geben uns dort für griechische Flüchtlinge aus,
werden verpflegt und beschenkt, und so haben Eure und
unsere Sorgen, wenigstens auf einige Tage aufgehört!

Schund (ängstlich).

Nach Krähwinkel! Allen Respekt, da bin ich wie ein
bunter Hund, aber nicht auf das vortheilhafteste bekannt;
da hatte ich das verdammte Malheur mit meiner Prima
Donna, der Madam Miauz, im Carolus Magnus. Erkennt mich der Wirth zur goldenen Katze wieder, so komm'
ich schlecht weg; der Beugel hat es schon handgreiflich an
mir bewiesen, daß er keinen Spaß versteht.

Flink.

Ermannt Euch, und bekämpft Eure Furcht, unter der
Maske eines Griechen sucht man den Theater-Prinzipal
Schund gewiß nicht, und da Ihr Schauspieler seyd, wird
Euch die Verstellung gewiß nicht schwer werden — schlagt
ein, und zieht mit!

Schund.

Topp! Schund zieht mit! (feierlich.) Wohlan denn, so
sey der Bund geschlossen, ich gehe mit, und spreche mit

Mar Piccolomini: Lebt wohl, ihr Berge, ihr geliebten Triften!

Flink.

Das hat ja die Jungfrau von Orleans zu sagen!

Schund.

Richtig, es heißt: „Wer mit mir geht, der sey bereit zu sterben!" — Krähwinkel, das mich zulezt als Carolus Magnus anstaunte, soll mich jezt als unglücklichen Griechen beweinen. Möge sich ihre Rührung klingend in unsere leeren Beutel ergießen!

Flink.

Nota bene! Das Geld geben wir wieder zurück. Je, zur Tages-Ordnung geschritten! Macht der Wirth Umstände wegen unsrer Zeche, so verkeilen wir unsere Röcke, die uns hier zu der Komödie doch nichts nützen, eine halbe Stunde von Krähwinkel kostümiren wir uns an einem einsamen Ort, ich gehe als Euer Dollmetscher zuerst allein in die Stadt, um den Bürgermeister zu stimmen und zu rühren, dann soll erst unser feierlicher Einzug statt finden, ich garantire Euch, die Suite wird fidel!

Kugel.

Ach Gott! Kugelchen bleibt hier, Kugelchen ist kein Suitier.

Flink.

Desto besser, so bleib da! kannst unterdessen unsere Schuld repräsentiren, und dem Wirth philosophische Vorlesungen über die verschiedenen Grade und Arten des Pumpens losgeben, verrathest du uns aber, so stürz' ich dir einen dummen Jungen! (kneipt ihn in die Wange.) Und du kennst mich, Kugelchen, hast mich ja erst mit dem Königsberger Renomisten losgehen sehen!

Kugel.

Kugelchen geht nicht los, die Frau Mama hat mir oft einen dummen Jungen gestürzt, bin doch nicht losgegangen, weil sie Kugelchen an die Bettlade gebunden hatte.

Studenten (lachen).

Flink.

Kommt, stoßt an Bursche, auf gut Glück! Schund, Schmollis in corpore.

Schund
(indem er mit allen Studenten anstößt).

Schmollis!

Studenten.

Schmollis.

Flink.

Jezt kommt! (ruft.) Herr Schnapper!

Vierter Auftritt.

Vorige. Wirth.

Wirth.

Was befehlen Sie?

Flink (auf Kugel zeigend).

Hier, dieser Kugel wird Euch die Zeche für Schund bezahlen, und hier bleiben, bis wir ihn abholen, wir machen einen kleinen Ausflug in die Gegend. Adieu!

Wirth.

Habe allerseits die Ehre! —

Kugel (nimmt Abschied).

Lebt wohl, und kommt bald wieder!

(Studenten ab.)

Fünfter Auftritt.

Kugel. Wirth.

Wirth.

Sagen Sie mir, Monsieur Kugel, was Ihre Herrn Kollegen für einen Affen an dem Schund gefressen haben, das ist ja der liederlichste Kerl auf zwölf Meilen in der Runde; da ist kein Wirth in Franken, Sachsen und Westphalen, mit dem er nicht verwandt wäre; als er noch als Friseur in Dresden stand, gab es nur noch eine Straße, durch die er, Schulden halber gehen konnte.

Kugel.

Ach Gott! ich weiß nicht, Kugelchen würd' ihm auch nicht trauen, „die Komödianten und Seiltänzer" hat die Frau Mama g'sagt, sind nicht viel Schatz werth! Ach Gott!

(Gehen ab.)

———————

Zimmer des Raths Staar in Krähwinkel.

Sechster Auftritt.

Rath.

Nein! Nein! in die Residenz bringen mich keine vier Pferde mehr, da verzeihe mir der Herr Schwiegersohn, Geheimer Commissions-Rath, das ist kein Leben für einen Königlichen Rath aus Krähwinkel. Zu todt habe ich mich fast geärgert, da kümmert man sich wenig um Per von Stande, nicht einmal die Wache präsentirte das mehr, als ich hineinfuhr.

Im Hause des Herrn Schwiegersohns Ge missions-Rath, spricht man mit der Kammer

Bedienten **per Sie**, und in Gesellschaften, da giebt man sich die Titel nur so schlechtweg, zum Exempel: „Gehst du heute in's Theater, Justizrath, oder was macht deine Frau, Direktor," et cetera, und als ich zu dem Herrn von Hocker sagte: Wie befinden Sie sich, Herr Präsident des Geheimen Raths, Herr von Hocker, Ritter des Ludwigs-Ordens erster Klasse, auch Königlicher Kammerherr," fieng Alles an zu lachen. Seine Königliche Majestät ließen mich nicht einmal rufen, warum haben mich Seine Königliche Majestät zum Rath ernannt, wenn ich als Königlicher Rath nicht um Rath gefragt werde. Die Bürger in der Residenz sind Flegel, ich habe die Kerls mit meinem Herrscherblick durch und durch gesehen, und auch nicht ein einziger hat den Hut verrückt. Das sollte mir in Krähwinkel geschehen, bey Wasser und Brod ließ ich die Kanaillen einsperren. Man hat in dieser Zeit viel zu thun, wenn man sich im Respekt erhalten will, um der verfluchten Aufklärungs-Sucht entgegen zu wirken, ich habe deßwegen auch meine geheime Polizei. Die Frau Ober-Floß- und Fisch-Meisterin Brendel, und die Stadt-Accise-Cassa-Schreiberin Morgenroth berichten mir alle Volks-B.wegungen in Krähwinkel. Darf erst von meinem schlechten Empfang in der Residenz hier nichts erwähnen, es könnte schlechten Eindruck machen, und muß mich mit Lügen behelfen.

Siebenter Auftritt.

Brendel. Morgenroth.

Rath.

gen, wertheste Frau Ober-Floß- und Fisch-Krähwinkel.

Meisterin Brendel, und Frau Stadt=Accise=Cassa=Schrei=
berin Morgenroth.

(Brendel und Morgenroth verneigen sich.)

Brendel.

Haben die Ehre, dem Herrn Rath einen glückseligen
guten Morgen zu wünschen.

Rath.

Danke schönstens! Was hat meine geheime Polizei am
gestrigen Sonntag erspäht?

Brendel.

Schreckliche Sachen sind passirt.

Morgenroth.

Jeden Sonntag wird's ärger.

Rath.

Man referire die Sachen; damit ich heute noch einen
Bericht an den Geheimen Rath machen kann.

Brendel.

Recht so.

Morgen.

Ja, dem liederlichen Leben muß gesteuert werden, sonst
kommt Strafe vom Himmel über unsre gute Stadt.

Rath.

Man berichte.

Brendel.

Gestern nach der Abendkirche giengen wir in den Gar=
ten des Bierbrauers Maßkopf, da war's wieder gesteckt
voll, ließen uns ein Glas Bier geben und fiengen nun
an, unsre Augen laufen zu lassen.

Morgen.

Da saß an einem Tische der Schneider Knopfloch.

Brendel.

Der hat's nöthig; der hat schon vor zwei Jahren collectiren lassen wollen.

Morgen.

Mit seiner Frau und dem Gesellen, man heißt ihn nur den schönen Schweriner.

Brendel.

Und mit dem hat sie's, das ist Stadt und Welt bekannt.

Rath.

Haben wir Species facti?

Brendel.

Beschwören können wir's, daß sie ihm dreimal auf den Fuß getreten hat.

Morgen.

Und ihm zwei Tassen Kaffee mehr eingeschenkt als ihrem Manne.

Brendel.

Und drei Stückchen Zucker mehr hineingeworfen, auch hat sie ihm hinter ihres Mannes Rücken einen halben Thaler in die Hand gedrückt, und verliebte Augen an ihn hingemacht, daß man schon weiß wie viel Uhr es ist.

Rath.

Werde die Sache streng untersuchen. Weiter.

Morgen.

Der Geheime Rath-Haus-Schlüssel-Aufbewahrer Klaus hat sich im Trunk übernommen, und seine Frau, die ihn abholen wollte, geprügelt, und: wir winden dir den Jungfernkranz dazu gejodelt, und dazwischen: Vivat, der Rath Staar soll leben! gebrüllt, daß einem das Trommelfell beinahe zerplazt ist.

Rath.

Verzeihe ihm das erstere wegen seiner Anhänglichkeit an meine Familie, die er durch Vivat-Schreien, bei jeder schicklichen Gelegenheit, sehr vernehmbar an den Tag legt.

Brendel.

Des Friseurs Lockmaul Tochter war mit des Brand-Assecuranz-Vice-Einbringers Flammwedels Sohn, der Unter-Offizier bei den Husaren ist, auch da.

Morgen.

Das war eine Liebe.

Brendel.

Das macht eben das zweierlei Tuch.

Morgen.

Sechs Walzer und einen Ecossaise haben sie unausgesezt miteinander getanzt, und er hat allein für 7 Groschen Biscuit kommen lassen, und den Musikanten ½ Thaler auf den Teller geworfen.

Rath.

Kann solchem nicht verwehrt werden.

Brendel.

Dann wurden wir durch den Schlosser Blasbalg insultirt, denn er bemerkte, daß wir ihm jeden Trunk und Bissen nachrechneten!

Morgen.

„Spionirt Ihr schon wieder, alte Schachteln," sagt er: „und hinterbringt's Eurem Herrn Vetter Rath, wenn ich meine Abgaben bezahle so eß' und trink' ich was ich mag, und scheer' mich den Teufel drum, der Herr Rath geben mir keinen Heller dazu, ich muß es ja selbst verdienen.

Rath (für sich).

Das sind die Folgen. Der Kerl hat lange in der Stadt gearbeitet. (Laut.) Unverschämte Person! Ich werde die Sache dem Minister berichten.

Brendel.

Der macht so ein Aufhebens von seinem Raths=Titel, fuhr er fort, und s'ist nichts dahinter und davor! In der Residenz kräht kein Hahn darnach.

Rath.

Warte, ich will dir gelegentlich einen Hahn krähen las= sen, daß du dich wundern sollst.

Morgen.

Haben der Herr Rath auch schon das heutige Wochenblatt gelesen?

Rath.

Nein.

Brendel.

Das ist unerhört, das gemeinste Bürgervolk läßt Trauer= briefe, wenn sie gestorben sind, einrücken, belieben der Herr Rath zu lesen, Leute von Stand und Titel wissen am Ende nimmer was sie anfangen sollen.

Rath
(nimmt das Wochenblatt).

Gestern schlug dem, der so oft geschlagen, Fleischer Meister Schläger allhier, sein leztes Stündlein. Die Gal= lop=Schwindsucht machte seinem Leben schnell ein Ende. Un= endlich schmerzlich ist es für uns, daß gerade diese sein Fach entehrende Krankheit ihn hinriß, da er es im Fache der Stallfütterung so weit brachte, daß er von mehreren ökonomischen Gesellschaften Belobungsschreiben erhielt, und den Preis für die fettesten Ochsen mehrere Male bekam.

Warum konnte er sein System nicht auch auf sich anwenden? Die Hinterbliebenen.

Morgen.

An seinem Tode ist die Frau schuldig.

Brendel.

Alle Vierteljahr ein neues Kleid.

Morgen.

Zweimal Kaffee täglich!

Brendel.

Und alle vier Wochen eine Visite und da wurde geröschelt und geschwergelt.

Rath.

Werde künftig das Wochenblatt einer strengen Censur unterwerfen, und die Preßfreiheit beschränken.

Brendel.

Auch sind in der goldenen Katze Leute mit Wachsfiguren angekommen.

Morgen.

Die Ermordung des Herrn von Kotzebue ist auch dabei!

Brendel.

Darf ich den Herrn Rath bitten, mir zu sagen, warum er gemordet worden ist?

Rath (wichtig).

Ist wegen meiner geschehen, da es Herr von Kotzebue wagte, mich in seinen Lustspielen: die deutschen Kleinstädter, und dem Carolus Magnus zu persifliren.

Brendel
(zum Fenster hingehend und hinaussehend).

Um Gotteswillen, es muß was vorgegangen seyn, mein

Bräutigam, und der Vice=Kirchenvorsteher Staar stürzen ohne Hüte auf's Haus zu.

Rath
(verdrängt Brendel am Fenster).

Ha! schrecklich! aus der goldenen Katze stürzen sie einen Menschen heraus, der Kleidung nach zu urtheilen ist es eine Standesperson.

Achter Auftritt.

Vorige. Sperling. Staar.
(Sperling und Staar stürzen herein.)

Rath. Brendel. Morgen.

Um Gotteswillen, was ist geschehen?

Rath.

Man referire wer gemordet worden ist.

Sperling (erschöpft).

Ihr Götter! kaum zu Athem komm ich mehr.

Rath.

Man komme zu Athem; überhaupt ist es nicht standes=gemäß außer Athem zu kommen.

Staar.

Wäre der Herr Bruder Rath dabei gewesen.

Brendel.

Ich kann's nimmer aushalten, die Neugierde bringt mich um.

Morgen.

Ach, erzählen Sie doch.

Rath.

Heraus mit der Sprache, ich befehle.

Sperling.

Die Kunst, die göttliche, spornte mich und den anwe=
senden Vice=Kirchenvorsteher Staar an das hier vor eini=
gen Tagen angekommene Wachsfiguren=Kabinet zu beau=
genscheinigen.

Staar.

Unter den vielen Anwesenden zeichneten sich durch Grob=
heit und Impertinenz der Schwerdtfeger Mordschlag und
der Kupferschmidt Grimmig, die betrunken waren, aus.

Brendel.

Man kennt die Flegel.

Staar.

Mir nichts dir nichts liefen sie mit bedecktem Haupte
im Saal an den zum Theil hohen Staatspersonen herum.

Rath.

Werde ein exemplarisch Exempel statuiren.

Sperling.

Als sie gerade bei dem alten Dessauer waren, und den=
selben ansahen, als ob sie in Leipzig zusammen in Arbeit
gestanden, beorderte der darob entrüstete anwesende Fähn=
drich Stadt=Kommandant Rummelpuff, den bei sich habenden
Vieh=Markt= auch Schaarwacht=Feldwebel Fuchtel, ihnen die
Hüte vom Kopf zu schlagen, welche Pflicht derselbe treulich
erfüllte.

Rath.

Der Stadt=Kommandant Rummelpuff soll wegen diesem
energischen Betragen öffentlich belobt werden, auch werde
ich ihn zur Medaille in Vorschlag bringen.

Staar.

Unglücklicherweise flog einer der Hüte dem alten Deſſauer in's Geſicht, und nahm ihm die Naſe hinweg, und im Herunterſenken des Stockes ſchlug Fuchtel dem daneben ſtehenden Studenten Sand, der eben im Begriff iſt den Staatsräth von Kotzebue zu ermorden, den Dolch aus der Hand, und wird ſo ſein Retter.

Sperling.

Jezt kommt erſt das Gräßliche!

Brendel.

Ich fall' in Ohnmacht.

Morgen.

Und ich bekomme meine Krämpfe.

Rath.

Silentium! Weiter!

Sperling.

Mordſchlag und Grimmig werden wüthend, packen den Vieh-Markt- und Schaarwacht-Feldwebel Fuchtel, und ſtürzen ihn auf den todten Ali Baſſa von Janina, der auf dem Paradebett liegt, welches krachend zuſammenſtürzt, und Fuchtel liegt beſinnungslos auf dem in viele Stücke zertrümmerten orientaliſchen Tyrannen.

Rath.

Unerhört!

Staar.

Stadt-Kommandant Rummelpuff kommandirt zwei Stadtſoldaten von der alten Garde, den Tigerkopf und Schäberle.

Brendel.

Ach, du Barmherzigkeit! ſind zwei ſteinalte, ſchwache Männer.

Rath.

Man schweige! Weiter!

Sperling.

Mordschlag ergreift den Tigerkopf und Grimmig den Schaberle, und schleudern sie von sich, und im Nu liegen Schinderhans, Voltaire, Cagliostro und Robespierre auf der Erde, und strecken die Beine gen Himmel.

Rath.

Rebellion! Wer ist der zum Fenster Herausgeworfene?

Staar.

Zum Glück auch eine Wachsfigur, Pittschaft, den unaufhaltsamen Philosophen des neunzehnten Jahrhunderts vorstellend, den Mordschlag in der Wuth für Stadt-Kommandant Rummelpuff ansah.

Rath.

Sind die Rebellen eingefangen?

Staar.

Noch nicht.

Sperling.

Einen schrecklichen Anblick der Zerstörung bot das Schlachtfeld dar. Napoleon allein stand noch, von zwei Grenadieren bewacht, aufrecht. Das Heulen der Familie des Wachsfiguren-Kabinet-Besitzers machte einen schauerlichen Effekt.

Staar.

Stadt-Kommandant Rummelpuff ist am Hirn blessirt, und dem Vieh-Markts- und Schaarwacht-Feldwebel Fuchtel, ist Ali Bassa's Sporn sieben Zoll tief in den Leib gegangen.

Brendel. Morgen.

Entsetzlich!

Staar.

Ein viel zu gelinder Herrscher bin ich diesem Volke noch, ich will ein neu Gesetz aufrichten, ich will —

(In diesem Augenblick fährt durch's Fenster ein Stein auf die Bühne.)

Sperling
(tritt an's Fenster).

Ha! das war Mordschlags Geschoß!

Neunter Auftritt.

Vorige. Klaus.

Klaus.

Herr Rath, drunten am Hause steht der Schwerdtfeger Mordschlag und der Kupferschmidt Grimmig mit acht Gesellen, und drohen das Haus zu bombardiren, wenn der Vieh-Markt- und Schaarwacht-Feldwebel nicht sogleich arretirt werde.

Alle.

Rebellion!

Klaus.

Mordschlag hat Ali Bassa's Turban auf, und Grimmig des Schinderhannes Sarras umgeschnallt, sie sehen wie die Teufel aus.

Rath
(furchtsam und gemäßigt).

Geheimer Rathhaus-Schlüssel-Aufbewahrer, man gehe hinunter und ermahne die Rebeller zur Sanftmuth.

Klaus (für sich).

Er führt Juden.

Rath.

Nur, daß sie fortkommen, verspreche er ihnen Satisfaction in meinem Namen. Sind sie zu Hause, so laß ich die Garnison ausrücken, Generalmarsch schlagen, und setze ihre Häuser in Blokade-Zustand.

Klaus
(ab).

Brendel.

Der Stadt=Tambour Schlegel ist ja schon 6 Jahr lahm, und kommt nimmer aus seiner Kammer.

Rath.

So soll er den Generalmarsch zum Fenster herausschlagen, ich befehle es!

Staar.

Und die übrige Garnison reinigt ja heute den Stadt=kanal.

Rath.

Von Rebellen soll sie heute die Stadt reinigen!

Sperling.

Auf Windesflügel eile ich nach Hause um meinen Hirsch=fänger, den zweischneidigen, umzugürten.

Brendel.

Vermeide die Gefahren, Sperling, denk' an unsere Hochzeit.

Rath.

Man halte ihn nicht ab, der Staat ist in Gefahr.

Sperling (zu Brendel).

Mich ruft die Pflicht, ich habe kein Erbarmen,
Als Sieger lieg' ich bald dir in den Armen,
Dann erst bestrahle lieblich Hymens Glanz,
Uns, wenn — (stockt). Hervor ihr Reime!
Glanz, Tanz, Gans —

Brendel.

Unverschämter! Du wirst doch nicht Gans auf mich reimen wollen?

Sperling.

Dann erst bestrahle lieblich Hymens=Glanz
Uns, wenn du mir gereicht den Lorbeer=Kranz.

(Umarmung.)

Rath.

Und du Herr Bruder Vice-Kirchenvorsteher, laß mir einige Dutzend alte unbrauchbare Kirchenstühle vor mein Haus aufpflanzen, sie können als spanische Reiter dienen.

Zehnter Auftritt.
Vorige. Klaus.

Klaus.

Herr Rath, habe pflichtgemäß Alles gesagt, der Mordschlag hat nicht gehen wollen, und hat barbarisch geschimpft. Beim Grimmig hat aber zum Glück der Rausch etwas nachgelassen, der hat Raison angenommen, und es am Ende so weit gebracht, daß Mordschlag mit ihm nach Hause gegangen ist.

Rath.

Das sind die Aufklärungs-Folgen, Bruder Vice-Kirchenvorsteher, zum Leztenmal sey's dir gesagt, giebst du mir noch einmal aus deiner Lesebibliothek Bücher her, wie der bairische Hiesel oder Konstanzer Hans, kurz, in welchen gemeine Kanaillen gegen Personen von Stand grob sind, so laß ich dir, so wahr ich Königlicher Rath bin, den ganzen Plunder verbrennen.

Klaus.

Herr Rath, drunten steht auch ein bärtiger Mann der Euer Gestrengen sprechen will, er sagt, er sey ein unglücklicher Grieche.

Alle.

Ein Grieche.

Klaus.

Ja, ein Grieche.

Rath.

Man führe ihn sogleich zur Audienz!

Klaus

(ab).

Eilfter Auftritt.

Vorige ohne Klaus.

Brendel.

Was mag der wohl wollen?

Morgen.

Das möcht' ich auch wissen.

Rath.

Wahrscheinlich eine diplomatische Sendung an mich.

Staar.

Von großer Wichtigkeit.

Sperling.

Oder ein Nachkömmling des Homers, der meine Bekanntschaft machen will.

Staar.

Hat vermuthlich den Carolus Magnus gelesen.

Rath (zu den Anwesenden).

Er kommt, man stelle sich in den Hintergrund wie bei Audienzen gebräuchlich.

Zwölfter Auftritt.

Vorige. Klaus und Flink.

Flink

(in einem der Kleider von Schund, und falschem Bart, macht Reveren-
zen nach Art der Türken, und als er bei des Raths Stuhl angekommen, macht er noch eine Verbeugung. Der Rath und sämmtliche Anwesende verneigen sich).

Flink.

Seyd mir gegrüßt, ihr freundlich schönen Hallen,
Seyd mir gegrüßt, und den Gefährten allen,
Die draußen warten meiner Griechen Schaar!
Sey mir gegrüßt, du bist der Allbekannte,
Den uns die Fama in der Ferne nannte,
Der Königliche Rath, du bist der Staar.

Rath (verbeugt sich).

Sperling (halblaut).

Ha! bin ich nicht ein göttlicher Prophet! —
Mir ahnete der Griech' ist ein Poet!

Rath
(zu Flink).

Bitte mir Dero Titel zu decouvriren, damit in Com-
plimenten auf dieser oder jener Seite nicht zu viel und zu
wenig geschieht, und Dero Verlangen mir an den Tag zu
legen.

Flink.

Ich bin der unglückliche Fürst Schuldaki.

Alle.

Ein Fürst?

Rath.

Ihro Durchlaucht — Ihro Durchlaucht, bitte, die in
der Anrede vergessene Durchlaucht nachholendermaßen huld-
vollst anzunehmen.

Flink.

Ja, ich bin der unglückliche Fürst Schuldaki, ehemals Besitzer von zehen Millionen, und zwei Grafschaften, jetzt unstät und flüchtig meiner Güter beraubt.

Rath.

Wie sind Ihro Durchlaucht in dieß Malheur gekommen?

Flink.

Lange Jahre lebte ich mit dem Sultan in Konstantinopel auf Du und Du; ich erfand und fabrizirte ihm eine Bartseife, was mich so in Gunst bei ihm brachte.

Rath.

Mich dünkt aber Seifenfabrikation sey unter der Würde einer Durchlaucht.

Flink.

Bitte um Verzeihung, gestrenger, hoher Herr Rath, ist in der Türkei keine Entehrung, so zum Exempel bereitete der Kapudan Pascha dem Sultan die Stiefelwichse.

Rath.

Aber mich däucht, die Türken tragen keine Stiefel, sondern Pantoffeln.

Flink.

Gelbe, rothe, grüne und veilchenblaue Pantoffelwichse, wollt' ich sagen; doch ich kehre zu meiner Geschichte zurück. Als ich eines Abends mit dem Sultan im Theater war, der Freischütz wurde gerade zum Erstenmale gegeben. —

Rath.

Ist der Freischütz also auch schon in Konstantinopel gegeben worden?

Flink.

Ja, Herr Rath, aber auf andere Manier, als in
Deutsch=

Deutschland, der Teufel oder Samiel ist gestrichen, die Türken sagen, der Teufel in dem unsrigen sey ein gar zu guter Kerl, und da wollen sie lieber gar keinen darinn haben.

Rath.

Da haben die Türken recht, aber Euer Durchlaucht müssen einige Zeit in Deutschland gelebt haben, sie sprechen ja unsere Sprache so gut wie wir.

Flink.

Ich habe vier Jahre in Göttingen studirt. Doch wieder zu meiner Geschichte; nach dem zweiten Akt ließ mich ein Glaubensgenosse hinausrufen, und eröffnete mir, daß unser Volk in der Moldau und Wallachei im vollen Aufstand begriffen sey, um sich der drückenden Herrschaft des Halbmonds zu entfesseln.

Rath.

Was ist unter der Herrschaft des Halbmonds verstanden?

Flink.

Die türkische Regierung, indem die Türken glauben, die eine Hälfte gehöre ihnen und die andere unserm Herr Gott.

Rath.

Verstehe.

Flink.

Diese Nachricht wirkte magnetisch auf mich, und schnell war der patriotische Entschluß in mir gereift, meinen unglücklichen Brüdern zu Hülfe zu kommen, nachdem ich dem Sultan Vitriol-Oel in die Bartseife mischte, damit ihm der Bart, das Heiligthum der Türken, ausfalle, gieng ich heimlich durch zu den Hetäristen.

Rath.

Wer sind die Hetäristen?

Sperling.

Kommt von Hetäre her. — Leichtsinnige Weibsper=
sonen bei den alten Griechen.

Flink.

Unser nachheriges unglückliches Schicksal wird dem Herrn
Rath durch die Zeitungen bekannt seyn. Unstät und flüch=
tig leben wir nun von der Unterstützung hochherziger Men=
schen, bis wir, auf Morea angelangt, tausendfach unsere
Schuld wieder abtragen können.

Rath.

Tausendfach?

Flink.

Vor den Thoren nun stehen noch viele meiner Schmer=
zens=Gefährten, worunter noch ein Fürst und der Capitano
Hellas, nebst vielen Edelleuten, und einem gefangenen Tür=
ken, und warten sehnlichst auf den glücklichsten Moment,
wo sie sich dem Herrn Rath, dessen wohlthätiger Ruhm ih=
nen schon 400 Stunden weit entgegen scholl, zu Füßen le=
gen dürfen.

Rath.

Der Augenblick, der glückliche Augenblick soll Ew. Durch=
laucht und den übrigen Edlen bald erscheinen.

Flink.

Ha! so hat uns unsere Ahnung nicht betrogen, Kräh=
winkels Beherrscher trocknet unsere Thränen.

Rath (feierlich).

Ja, er will sie Euch zu trocknen suchen, die Ahnung
Euer Durchlaucht hat nicht gelogen, sondern wahr gespro=
chen. Herr Runkel=Rüben=Commissions=Assessor Ihnen gebe
ich vorerst den Auftrag, vor's Thor zu gehen, und die
Durchlauchten und Edlen vor's erste in meinem Namen zu

salutiren, exclusive des gefangenen Türken, mit dem ich nichts zu schaffen haben will. Sprechen alle deutsch?

Flink.

Nur Fürst Schundaki, und Capitano Hellas.

Rath (schnell).

Herr Runkel-Rüben-Commissions-Assessor, sprechen Sie griechisch?

Sperling.

Nein, Herr Rath.

Rath.

Aber warum sprechen Sie nicht griechisch?

Sperling.

Weil ich's nicht kann.

Rath.

Ah! Weil Sie's nicht können, nun so sprechen Sie deutsch, und lassen Sie's von Euer Durchlaucht den Griechen verdollmetschen. Euer Durchlaucht, ich gehe um einen feierlichen Empfang für die edlen unglücklichen Griechen anzuordnen, Griechenland soll an Krähwinkel denken. — Wenn beide ein Schutz- und Trutzbündniß schließen, so sollen die Türken den halben Mond wohl wieder herausgeben müssen, und von einem Welttheil zum andern wird erschallen: Griechenland und Krähwinkel, Krähwinkel und Griechenland.

Alle.

Griechenland und Krähwinkel, Krähwinkel und Griechenland.

Ende des ersten Akts.

Zweiter Aufzug.

Straße von Krähwinkel, im Vordergrunde des Raths Haus, im Hintergrunde das Thor, vor welchem ein Krähwinklischer Stadtsoldat steht.
Zu des Stadt-Tambour Schlegels Haus ist eine Trommel herausge-
hängt.

Erster Auftritt.

Rath.

Heil! Heil! widerfährt Krähwinkel, und Rath Staar,
Griechische Durchlauchten warten sehnsuchtsvoll, bis ich ihnen die Pforten meiner berühmten Stadt öffnen lasse. Zu
meinen Füßen werde ich sie sehen, Ha! welcher Triumph! —
Was ist das Leben ohne Herrscher-Glanz, war bis jezt
mein Motto, und soll's auch bleiben. Große Epoche wird
der Empfang den ich den Griechen bereite machen, von
Land zu Land wird mein Name ertönen, und die Residenz wird sich schämen, einen Mann von meinem Kali-
ber nicht achtungsvoller traktirt zu haben.

Mein wohlthätiger Enthusiasmüs erstreckt sich übrigens
nicht blos auf meine Civil-Liste, das wäre zu übertrieben.
Krähwinkel soll bei der nächsten Stadtschaden-Umlage empfinden, wie sauer ich mir's werden lasse, seinen Ruhm
durch der Bürger Geld zu begründen.

Jezt zu den nöthigen Anordnungen. Die Griechen werden bei den Bürgern einquartirt, eine Collecte wird veranstaltet, ich unterschreibe sie mit einem Louisd'or, zahle sie
aber nicht, jedes Magistratsglied muß freiwillig einen Du-

katen à person geben, und so nach Maaßgabe die Bürger=
schaft. — Wenn ich nur Seine Durchlaucht, den Fürst
Schuldaki, bald allein zu sprechen bekomme, damit ich ihm
einige diplomatische Eröffnungen mittheilen kann.

Zweiter Auftritt.

Klaus. Rath.

Klaus.

Habe dem gestrengen Herrn Rath zu vermelden, daß
die Rebellen, Mordschlag und Grimmig, eingefangen sind,
auch bittet der Wachsfiguren=Mann um eine Audienz, er
sagt: wenn ihm der gnädige Herr Rath nicht zu seinem Scha=
den verhelfen, so sey er ruinirt, er wolle sodann den Herrn
Rath aus Dankbarkeit in Wachs bossiren, und zwar in dem
Augenblick, wo der gestrenge Herr Rath als ein zweiter
Lügschurk Krähwinkel Gesetze gebe!

Rath (lacht).

Heißt Lykurg und war Kammer=Rath in Bamberg. Ich
werde sorgen, daß der Mann von Grimmig und Mordschlag
bezahlt wird, wenn das baare Geld nicht reicht lasse ich
ihnen Haus und Hof verkaufen.

Klaus.

Wird wenig helfen, die Kerls haben Schulden, all ihr
Geld wird nicht hinreichen nur dem Ali Pascha von Ja=
nina das Schmerzengeld zu bezahlen.

Rath.

Dann verkaufe ich sie als Sklaven.

Klaus.

In Krähwinkel giebt man keine Maas Branntwein um sie.

Rath.

Weil gerade die Rede von Flüssigkeiten ist, so fällt mir ein, daß gesagt wurde, er habe gestern eine sehr beträchtliche Quantität zu sich genommen.

Klaus.

Gestrenger Herr Rath, es ist ja nicht alle Tage so.

Rath.

Und daß er seiner Frau nachher, mit seinen etwas derben Geheime-Rathhaus-Schlüssel-Aufbewahrers Fäusten, auf unsanfte Art zugesezt habe.

Klaus.

Sie ist aber auch ein wahrer Satan.

Rath.

Personen wie er, die Titel führen, und öffentliches Amt bekleiden will es nicht geziemen sich in Biergärten zu prügeln oder prügeln zu lassen, ich sag' ihm, nehm' er sich bei den heute stattfindenden griechischen Festivitäten in Acht.

Klaus.

Werde dem gestrengen Herrn Rath zu lieb leben und sterben.

Rath.

Was das Jungfernkranz Jodeln betrifft, sey es ihm nicht verwehrt, winde er singend solchen so lang er will, er ist ja in der Mode, und ich habe es selbst gehört wie ihn ein Finanz-Rath zum Fenster heraus gesungen hat. In der Residenz haben die Jungfernkränze solchen Abgang gefunden, daß beinah' keine mehr zu haben sind, und die Verleger neue Auflagen veranstalten müssen.

Klaus.

Da kommen der Herr Runkel-Rüben-Commissions-Assessor Sperling, mit seiner Braut, der Frau Ober-Floß- und

Fisch-Meisterin Brendel, und der Frau Stadt-Accise-Cassa-Schreiberin Morgenroth.

Rath.

Der Runkel-Rüben-Commissions-Assessor Sperling kommt ex officio um unsere Griechische Durchlauchten und Edle in die Stadt einzuführen.

Dritter Auftritt.

Vorige. Sperling. Brendel. Morgenroth

(verneigen sich).

Sperling.

Fest sitz' ich im Bügel
Und halt' ihn am Zügel
Den Pegasus,
Ich kann ihn reiten
Und mir erbeuten
Der Verse Fluß.

Rath.

Bis jezt ist noch keine Rede davon gewesen, daß der Herr Vetter Runkel-Rüben-Commissions-Assessor die Griechen zu Pferde empfangen sollen.

Brendel.

Der Herr Bräutigam belieben sich nur an den Ritt auf des Müllers Rappen zu erinnern, der den Herrn Runkel-Rüben-Commissions-Assessor Sperling in den Stadtgraben zu werfen wagte.

Morgen.

Wo Sie die Nase verstauchten, und der neue Nankin-Frack zu Schanden gieng.

Sperling.

Ich spreche nicht von einem trabenden,
Vom Göttergaul, Phantasie labenden,
Pegasus träumet mir nur.

Rath.

Ach! die Race habe ich in der Residenz geritten, mein Schwiegersohn, der Geheime-Commissions-Rath, hat einen solchen Gaul im Stall.

Sperling.

Erlauben der Herr Vetter Rath, Pegasus ist blos ein imaginäres Pferd, das nur Dichter besteigen können, wie solches Schiller in seinem Gedicht: „Pegasus im Joch" beweist.

Rath
(schnell und empfindlich).

Was geht mich der Schiller an Herr Runkel-Rüben-Commissions-Assessor, ich sage, ich habe ihn geritten und damit Basta! Glauben Sie denn, mein Schwiegersohn, der Geheime Commissions-Rath sey nicht im Stande sich einen Gaul zu halten?

Sperling (devot).

Ist auch möglich!

Rath (streng).

Nicht nur möglich, sondern gewiß. Ein für Allemal, Herr Runkel-Rüben-Commissions-Assessor, dieses Bezweifeln will ich mir für immer verbeten haben; Rathsreden sind immer wahr, und wenn sie auch Untergebenen lügenhaft erscheinen, muß man sich doch hüten, solche zu kritisiren.

Sperling (finster).

Deprecire.

Rath
(tritt ganz nahe vor ihn hin, und faßt ihn scharf in's Auge).

Element, Herr Runkel-Rüben-Commissions-Assessor, nach

Ihrer finstern Miene zu urtheilen, denken Sie in diesem Augenblick: „es ist doch nicht wahr‟! Herr unterstehen Sie sich nicht Ihren schlechten Gedanken Audienz zu geben, oder —

Sperling
(mit affektirter Freundlichkeit).

Bitte um Verzeihung, die Ungnade des Herrn Vetter Raths nur umflorte diesen Augenblick schwarz meine buschigten Augenwimpern.

Brendel. Morgen.

Verzeihung!

Rath
(mild, umarmt Sperling).

Komm an meine Brust, Assessor, dir ist verziehen.

Brendel. Morgen. (weinen).

Großer Mann!

Rath (schnell).

Großer Rath!

Brendel. Morgen.

Großer Rath!

Rath (gerührt).

Meine lieben Frau Muhmen! — Jezt eine Frage, haben der Herr Vetter Runkel-Rüben-Commissions-Assessor alle Anstalten zum feierlichen Empfang der Griechen getroffen? Daß nur die Musikanten keine türkische Trommel mitnehmen, sie könnten es als eine Sottise betrachten.

Sperling.

Die Musikanten sind bereits vor der Stadt, und haben schon aus dem Grunde keine mit sich genommen, weil sie keine zu schlagen verstehen.

Rath.

Solcher Grund ist mir genügend. Ist Stadt-Kommandant Rummelpuff schon meinen Befehlen gemäß vor der Stadt mit der sämmtlichen Garnison?

Sperling.

Ja, der bleſſirte,
Erſt halb kurirte,
Krähwinkels Zierde,
Rummelpuff führte
Vor zwei Stunden ſchon
Die Garniſon,
Türken zum Hohn
Bald vor Staars Thron
Griechen zum Lohn.

Morgen.

Warum ſprechen denn der Herr Runkel=Rüben=Commiſſions=Aſſeſſor heute wieder faſt Alles in Verſen?

Brendel.

Er hat heute wieder ſeinen Reimrappel.

Sperling.

Haben die verehrteſte Braut leztens doch ſelbſt Verſe gemacht.

Morgen.

O! ich bitte Sie um Gotteswillen, ſagen Sie mir ſie her.

Alle.

Wir bitten!

Brendel
(verſchämt).

Sperling du mein ſüßes Leben,
Sperling du mein Schaß,
Sperling dir bin ich ergeben,
Sperling, Sperling, Spaß.

Alle (applaudirend).

Brendel raus!

Brendel.

Ich bin ja schon da.

Vierter Auftritt.

Vorige. Staar.

Staar.

Herr Runkel-Rüben-Commissions-Assessor sputen Sie sich, die Griechen sind schon in der Vorstadt angekommen, ich habe sie von der Stadtmauer aus gesehen.

Rath
(ruft an des Stadt-Tambours Schlegels Haus hinauf).

Schlegel ist er auf seinem Posten?

Schlegel (am Fenster).

Ja Herr Rath!

Rath.

Wenn sich die Griechen auf's Knie lassen, schlägt er einen Wirbel zum Fenster heraus.

Schlegel.

Ganz gut Herr Rath!
(Er sieht wieder hinein.)

Sperling (deklamirend).

Lebt wohl, vom Sperling und den Griechenschaaren
Sollt Ihr bald mehr, und Wichtiges erfahren.
(Durch's Thor ab).

Fünfter Auftritt.

Vorige. Klaus.

Klaus.

Sie kommen! Sie kommen! ich hab' sie schon gesehen, lauter junge schöne Leute, auch den Türken hab' ich zu Gesicht bekommen, der kann aber nicht gleich mitkommen.

Rath.

Warum?

Klaus.

Als ihn der Bürstenbinder Fusel, der ein abgesagter Feind der Türken ist, erblickte, fuhr er wüthend auf ihn los, und prügelte ihn dergestalt, daß er auf dem Platz geblieben wäre, wenn ihn die guten Griechen nicht aus seinen Klauen gerissen hätten.

Rath.

Ja, wo ist er denn jezt?

Klaus.

Beim Thorwart Schläfrig hat man ihn in Sicherheit gebracht, er spricht etwas deutsch, ich habe es selbst gehört, wie er sagte: „das sey Pech.‟

Staar.

Der Türke ist wahrscheinlich ein Schuhmachers-Sohn aus Konstantinopel, weil er von Pech spricht.

Brendel.

Ach Gott! ich kann's kaum erwarten.

Morgen.

Ich nehme auch einen in's Quartier.

Brendel.

Mein Sperling würde eifersüchtig.

Morgen.

Der hat's nöthig, er soll nur an die Geschichte mit der Madame Miauz denken.

Brendel.

Die muß er mir aber auch auf jedem Stückchen Brod essen.

Klaus (schreit furchtbar).

Sie kommen!

Sechster Auftritt.

Man hört einen Marsch hinter der Scéne, voraus ein Trupp Gassen=jungen, die Vivat hoch schreien, Volk aus Krähwinkel. Der Zug be=ginnt, voraus der Runkel=Rüben=Commissions=Assessor, nach ihm der Stadt=Kommandant Rummelpuff mit verbundenem Kopf, mit der Garnison, bestehend aus zwei Mann, Tigerkopf und Schäberle, in zerlumpten Uniformen, der eine hat einen Buckel und der andere hinkt. Stadt=Zinkenist Kratzer mit seinen Gesellen Dudelmann und zwei an=dern, sie spielen den Trauermarsch aus Achilles von Paer; die Grie=chen oder verkleideten Studenten folgen in langsam feierlichem Zuge; Flink, Hell und Schund an der Spitze, Schund hat, daß man ihn nicht erkennt, einen ungeheuen Bart, den Beschluß macht der Vieh=Markt= und Schaarwacht=Feldwebel Fuchtel, wenn sie an der Haupt=wache ankommen, schreit der daran stehende Soldat mit furchtbarer Stimme: Wacht in's Gewehr!

Soldat.

Wacht in's Gewehr!

Rath.

Esel, warum schreit er denn Wacht in's Gewehr, er weiß ja, daß keiner in der Wachtstube ist.

(Die Griechen nähern sich dem Rath, der in der Mitte steht, und lassen sich auf ein Knie nieder, wenn dieses geschieht, schreit der Rath.)

Rath.

Kratzer, Tusch! Holla, Schlegel!

(Verbeugt sich tief vor den Griechen.)

(Musikanten spielen einen Tusch, der Tambour Schlegel schlägt einen Wirbel zum Fenster heraus.)

Alle.

Vivat hoch, der Herr Rath soll leben!

Rath.

Kratzer, Tusch! (Verneigt sich wieder).

Flink.

Brüder, sinkt nieder, hier dieser (auf den Rath zeigend.) ist der Rath Staar, der uns schon wie den heiligen drei Königen aus dem Morgenlande, aus unabsehbarer Weite, wie ein funkelnder Stern entgegen blinkte, dessen Anblick uns wie die Frühlingssonne nach Winterstürmen bestrahlt, und Hoffnung in unsre vom Schicksal zerschmetterten und Unglück verwetterten Seelen gießt, und Labung und Lindrung in die ruinirten Herzen flötet; Schundaki, sprich weiter!

Rath.

Solches Du sprechen der Durchlauchten vernehme ich nicht gern.

Schund
(auf den Rath zugehend).

Du bist also der Rath?

Rath.

Muß Ihro Durchlaucht höflichst und gehorsamst bitten, per Sie mit mir zu sprechen, vom Du bekomme ich Kopfweh.

Schund.

Bitte recht sehr um Verzeihung, bei uns ist es so gebräuchlich, per Sie also. Mit hoher Achtung und ganz mir unerklärbar sonderbaren Gefühlen trete ich devotest und submissest vor den Herrn Rath.

Rath (verbeugt sich tief).

A la bonheur! jezt ist's recht!

(Laut.) Der hat akkurat eine Stimme, wie der Komi=
diant Schund, der hier den Carolus Magnus spielte.

Schund (für sich).

O weh! er scheint mich zu kennen. (Laut.) — und danke
in meiner Brüder Namen für die hohen Gesinnungen wel=
che der Herr Rath für uns hegen.

Rath (verneigt sich tief).

Herr Runkel=Ruben=Commissions=Assessor Sperling be=
lieben Sie als mein Organ, meine Theilnahme und Hoch=
achtung in sich reimenden Redensarten den anwesenden Durch=
lauchten und Edlen bestens zu verkünden und darzuthun.

Sperling (mit Pathos).

Lindrung der Schmerzen
Gießt in die Herzen,
Herr Staar der Rath;
In allen Stücken
Wird er erquicken,
Und euch entzücken
Mit Rath und That.
(Alle Griechen verbeugen sich.)

Brendel (zu dem Rath).

Wollen der Herr Vetter Rath nicht auch die Griechen
ein wenig ausfragen?

Morgen.

Ich höre es für mein Leben gerne.

Sperling (auf Hell deutend).

Der Mann dort mit den großen Feuerblicken, deß
Schicksal möcht' ich gerne wissen!

Flink (zu Hell).

Erzählt, Capitano, Ihr sprecht deutsch!
Laßt jezt den Gram und Eure Schwermuth sinken,
Denkt, daß uns hier nur Lust und Freude winken.

Alle.

Erzählen Sie, wir bitten!

Hell.

Ich bin ein Nachkömmling des Herkules.

Alle.

Des Herkules?

Rath.

Herr Runkel-Rüben-Commissions-Assessor Sperling, wer war der Herkules?

Sperling.

Ein junger starker Mann aus königlichem Geblüte in Griechenland, der außerordentliche Arbeiten verrichtete.

Staar (zu Hell).

Herr Capitano, ist der nordische Herkules, der vor einigen Jahren in Deutschland reiste, mit Ihnen verwandt?

Hell.

Geschwisterkind ist er zu mir.

Sperling.

Der vorzüglichsten Arbeiten eine will ich erzählen, er reinigte dem König Augias seine Ställe in einem Tage, darinn lange Zeit 3000 Ochsen gestanden, ohne daß sie gemistet worden waren. Herkules brachte dieß Werk dadurch zu Stande, daß er ein paar Flüsse durch dieselben leitete.

Rath (bös).

Das ist nicht wahr! Was wird ein Königs-Sohn Stallmägde-Arbeit verrichten.

Sperling.

So vernehmen wir's aber in allen Mythologien, auch daß er einen ledigen Stier in Creta eingefangen.

Rath.

Man schweige, die Mythologie ist mir kein authentischer Zeuge, und man hat gewiß auch Beispiele, daß sie gelogen hat, nicht wahr Herr Capitano?

Hell.

Ich muß aber dennoch die Aussage des Herrn Runkel-Rüben-Commissions-Assessors bestätigen.

Rath.

Pfui Teufel! wenn ich an die Ställe und das Ausmisten denke empört sich mein Rathsgemüth. Erzählen Sie weiter Herr Capitano!

Flink.

Ich will die Erzählung vollends übernehmen, der Capitano ist etwas furchtsam.

Hell (für sich).

Verdammter Kerl! so lüg', daß du schwarz wirst.

Flink.

Er ist also ein Nachkömmling des Herkules, und bekleidete beim Bassa von Braila die Stelle eines Hof- und Theater-Dichters.

Sperling (Hell umarmend).

Ein Dichter! Ha! mich überströmet hohe Lust! Komm Dichter, komm, an meine Dichterbrust!

Hell
(böse sich loswindend).

Herr, lassen Sie mich los, das ist mir Wurst!

(bei Seite zu Flink):

Bald verrathe ich Alles, wenn du mir wieder einen
solchen Narren auf den Hals schickst.

Flink
(zu Hell auf die Seite).

Herr Bruder, mach' keine dummen Streiche.

Rath. (laut).

Was bedeutet solches Wurst?

Flink.

Ist ein Kern=Ausdruck, und heißt im Griechischen so=
viel, als: „es war mir angenehm Sie kennen zu lernen."

Sperling.

Nach solchem Wurst scheint freundlich mir die Sonne
wieder.

Hell.

Nun ja, es war nicht bös gemeint!

Rath.

Lassen wir uns die Erzählung auf's nächstemal ersparen;
die Durchlauchten werden Hunger haben.

Schund.

Großer Rath, ich kann mich dieses drückenden Gefühles
nicht erwehren!

Rath.

So wollen wir nun zur Einquartierung schreiten. Seine
Durchlaucht, den Fürsten Schuldaki bitte ich mein Haus
nicht zu verschmähen, und mein Gast zu seyn.

Flink.

Ha, welche Ehre, welches Glück, entzückt nehm' ich es
an.

Rath.

Seine Durchlaucht, den Fürsten Schundaki, muß der
Wirth zur goldenen Katze freundlich aufnehmen.

Schund.

Bitte allerunterthänigst zu verschonen, ich habe eine eminente Aversion vor allen Wirthshäusern.

Morgen.

Wenn Seine Durchlaucht mein Häuschen als Quartier annehmen wollen, so ist es — (mit einer Verbeugung) schmeichelhaft Ihrer Dienerin, der Stadt-Accise-Cassa-Schreiberin Morgenroth.

Brendel (auf die Seite).

Die hat Feuer gefangen.

Schund.

Schöne Frau! ich bin jezt zu gerührt, in Ihren Hallen soll mein Dank erst erfolgen.

Sperling.

Der Dichter geht mit mir, den muß ich haben.

Hell (für sich).

Der Narr will mich gewiß mit seinen Versen laben.

Rath.

Man folge mir — jezt! Aber halt, da die Feierlichkeit einmal bei einander: so wollen wir auch noch einmal im Zuge durch die Stadt, und den Bürgern ihre Gäste feierlich übergeben. Stadt-Kommandant Rummelpuff, man ordne den Zug, Musikanten vor! (ruft an Schlegels Haus hinauf.) Wirbel frisch geschlagen!

Sie ziehen mit Musik im nämlichen Zuge, nur daß hinter Rummelpuff der Rath und Sperling gehen. Sie gehen in eine Seitenstraße.

Siebenter Auftritt.

Brendel.

Was das wieder für übertriebenes Zeug ist, der Spektakel war bei weitem nicht so groß, als der Bürgermeister sein Rathsfest feierte. Was gehn uns denn die Griechen und Polaken an? Wenn um Gotteswillen mein Sperling nur kein Narr wird, der hat vorhin vom Mitgehen gesprochen, der käme mir schön an, er ist so mit seinem Vermögen auf der Neige, will nimmer auf dem Rathhaus arbeiten, und nichts als Verse machen, wenn er nur nicht den schönen Titel hätte, so könnte er meinethalben gehn wohin er wollte. Und die alte Schachtel Morgenroth ist in einen solchen Landstreicher verliebt. Ach, daß Gott erbarm', die will am Ende auch noch mir. Es ist nur Schade, daß die Frau Untersteuereinnehmerin nicht mehr lebt, die hätte heute ihre Kuchen an Mann bringen können.

Wo nur mein Bäschen bleibt, sie hat ja geschrieben, daß sie heute komme. Ach! da kommt sie ja.

Achter Auftritt.

Brendel. Louise.

(Louise bürgerlich sauber gekleidet mit einem Körbchen unter dem Arm.)

Brendel (umarmt sie).

Grüß' dich Gott, liebes Bäschen!

Louise.

Liebe Base!

Brendel.

Warum kommst du so spät?

Louise.

Eine arme alte Bauersfrau, die ihre Enkel besuchen will, war meine Reisegesellschafterin, zwei Stunden von hier wurde sie so schwach, daß ich sie kaum noch in's nächste Dorf brachte, wo ich ihr eine Suppe bereiten ließ, die sie so stärkte, daß sie jezt glücklich mit mir angekommen ist.

Brendel.

Das hast du gut gemacht, mein Kind. Ei was macht denn auch dein Vater, bewirbt er sich immer noch nicht um einen bessern Titel?

Louise.

Der sagt immer, das seyen Narrheiten, wenn er nur mit seiner Familie gut auskomme.

Brendel.

Es ist entsetzlich mit dem Mann, daß er keine Raison annehmen will. Wie sieht's denn mit dir aus, bist du noch keine Braut?

Louise.

Braut noch nicht, aber sterblich verliebt.

Brendel.

Weiß es dein Vater?

Louise (mit schwerem Herzen).

Ach ja!

Brendel.

Wer ist denn dein Geliebter?

Louise (langsam).

Ein Student.

Brendel.

Gott steh' mir bei! ein — Student, so ein Windflügel, der mit den Mädchen wechselt wie unsere gnädige Frau mit den Kleidern; da kommst du mir schön an, ja jezt glaub' ich's selbst, daß es dein Vater nicht leiden will. Ein Student! — Wie heißt denn der Musje?

Louise.

Flink. — Ach liebe Tante, sind Sie nicht böse, wenn Sie noch jung wären, Sie würden sich selbst in ihn verlieben.

Brendel.

Unverschämtes Ding.

Louise.

Ach, er ist so brav, so lieb, und geschworen haben wir einander ewig zu lieben.

Brendel.

Das sind so Ewigkeiten von einigen Monaten, bis die Ferien anfangen. Auch mir hat vor einundzwanzig Jahren ein Rent-Amts-Substitut ewige Treue geschworen, jezt ist er Verwalter und hat eine Andere.

Louise.

Das thut mein Flink nicht, wenn er ausstudirt hat, und einen Dienst bekommt, so heirathet er mich ganz gewiß.

Brendel.

Ja, wenn er nur den Dienst schon hätte, heut zu Tage bringt man's einem nur so auf dem Teller. Jezt komm nur mit nach Haus, ich will sehen, daß ich dir während deines Hierseyns den Studenten aus dem Kopf bringen kann. — (Beide ab.)

Neunter Auftritt.
Rath. Flink.

Rath.

Wie gesagt, Ihre Durchlaucht, ich wünschte mehr für Griechenland zu thun, denn frei heraus, mit meinem Vaterland, und meiner Stadt sogar, bin ich so ganz nicht mehr zufrieden, in der Residenz hat man die Achtung mir versagt, und selbst hier fängt man an demagogische Umtriebe mir zu bereiten, kurz, mein Ansehen wackelt.

Flink.

Verlaffen der Herr Rath das undankbare Vaterland, wo Ihr Ansehen wackelt, und ziehen Sie mit uns in's milde schöne Griechenland, der Staat braucht große Männer; den Fürsten= und Ministerstand garantire ich schon hier.

Rath.

Ha, wär' es möglich! allein ich kann hier nicht loskom= men, der Staatsgeschäfte wegen wohl, aber mich knüpfen Haus und Hof, Aecker, Wiesen, Ochsen, Schaafe, Rin= der und sogar auch Esel mit festem Band an Krähwinkels Fluren.

Flink.

Diese Bande zu zerreißen, wäre grausam, aber der Herr Rath könnten ja von Deutschland aus unserer Sache Unter= stützung angedeihen laffen.

Rath.

Und mir vielleicht wenigstens auch hier den Fürsten=Ti= tel, nebst einer fetten Dotation, erwerben.

Flink.

Ohne Zweifel.

Rath.

Aber wie anfangen?

Flink.

Durch geheime Anwerbungen, Geldvorschüffe für mein Volk, und dergleichen.

Rath.

Das wollen wir überlegen!

Flink.

Ueberhaupt wäre es gut, wenn wir uns gegenseitig schrift=
lich verbindlich machten, damit ich unsere Uebereinkunft so=
gleich in Griechenland vortragen kann, ich mache mich dann
verbindlich im Namen der Regierung, nach Ihren Leistun=
gen und den Fortschritten unseres Kampfes, den großen
Rath königlich zu belohnen, denn ich bin schon seit drei Mo=
naten korrespondirendes Mitglied der Regierung.

Rath.

Der Gedanke, Fürst, Minister treibt mich an, das
Wagstück zu unternehmen, aber Euer Durchlaucht Ihr Wort,
daß Niemand was erfährt.

Flink.

Mein Wort! (für sich.) Er ist in der Schlinge.

Rath.

Noch eins fällt mir ein, der Runkel=Rüben=Commis=
sions=Assessor hat auch im Sinn nach Griechenland zu gehen,
ha! welch großer Gedanke, der könnte, um der ganzen Sache
Schwung zu geben, mein Charge d'affaires dort werden,
um meine Angelegenheiten bedeutend wichtiger zu betreiben,
ich würde ihm ein Creditiv mitgeben, ganz in meinem Namen
zu handeln. Er hat zwar seit neuerer Zeit einen Rappel,
das macht aber nichts, wird ihn schon wieder verlieren.
Kommen Eure Durchlaucht mit in meine Haus=Kanzlei, dort
wollen wir die Sache weiter besprechen, und die gehörigen
Aktenstücke wechseln.

Fliak.

Erlauben der Herr Rath, ich habe nur noch einige mei=
ner Brüder zu sprechen.

Rath.

Habe zu Ehren Euer Durchlauchten, und der ganzen
Griechengesellschaft, einen Ball auf dem Rathhaus diesen

Abend veranstaltet, und Jgde vorläufig Euer Durchlaucht
nebst Ihren edlen Brüdern gehorsamst ein.

Flink.

Gestrenger Herr Rath, ich bin jezt nicht im Stande,
die Gefühle der Dankbarkeit, die des Herrn Raths hohe
Aufmerksamkeit in mir erzeugt, Ihnen darzuthun. Wir
werden gerührt diesem Feste beiwohnen.

(Gegenseitige Verbeugungen.)

(Rath ab.)

Zehnter Auftritt.

Flink.

So ist es mir nun gelungen, die Komödie weiter auszu-
dehnen, als anfänglich in meinem Plane war, der Herr
Rath geben mir die Sicherheits-Karte selbst in die Hand.
Jezt wogt und tobt ihr Schicksals Stürme, in Krähwinkel
stehn wir fest. Kein kleines Stück Arbeit ist's, sich mit
diesen Haupt- und Kapital-Philistern herumzutummeln,
und ich muß das Rad allein treiben. Der Hell ist jeden
Augenblick im Stande die Sache in seinem Mißmuth zu
verrathen, der alte Esel Schund spielt Komödie mit dem
alten Besen, der Morgenroth, und die Andern dürfen nicht
Deutsch sprechen; Luthold, unser Türke, ist am meisten zu
bedauern, Krähwinkels Schlagbaum begrüßte ihn mit Prü-
gel.

Eilfter Auftritt.

Voriger. Schund. Hell
(kommen mit einander).

Hell (heftig).

Nein! nein! länger spiele ich den Narren nicht, lieber will ich von Haus zu Haus betteln, als so leben.

Flink.

Liebes flottes Helichen, nur noch bis Morgen habe Geduld; heute Nacht wird uns zu Ehren ein Ball gegeben, und da wollen wir kreuzfidel kommersiren. (Zu Schund.) Wie geht's denn dir, altes Haus?

Schund.

Flott, Herr Bruder, meinen alten Wirth zur goldnen Katze habe ich, und er mich gesehen, er kennt mich nicht mehr, ich bin im Stande eine Flasche bei ihm zu leeren, kurz; ich lebe wie der Vogel im Hanfsaamen.

Hell.

Weil du ein alter Narr und an solch' Leben gewöhnt bist. Vier Stunden sitze ich jetzt schon bei dem poetischen Rindvieh, dem Runkel-Rüben-Commissions-Assessor, und muß seine Tollhausgedichte anhören, das halte ein Anderer aus. (Zu Flink.) Daran bist aber du Schuld.

Flink.

Hof- und Theater-Dichter des Bassa von Braila, duftende Blüthe des Orients, beruhige dich, glaube mir, bald wird's anders.

Schund.

Da gieng's mir besser; schmachtend eröffnete ich, kaum auf dem Zimmer meiner Wohlthäterin, der Frau Stadt-Accise-Cassa-Schreiberin Morgenroth angekommen, den

Feldzug. Ich schleuderte einige, Marmorstein rührende, sen=
timentale Jamben, gleich congrevischen Raketen, aus mei=
nem wogenden Busen, und sie lag von dem unlöschbaren
Feuer ergriffen, ohnmächtig in den Armen ihres Besiegers.

Flink.

Das ist köstlich!

Schund (deklamirend).

Schundaki, seufzte sie erwachend, Schundaki dein auf
ewig, und der süße Bund war geschlossen. Vernehmt es,
treue Gefährten und Kampfgenossen, sie zieht mit uns
nach Morea; auf der Burg Athens, im stolzen Säulen=
tempel Parthenon, soll Minervens Priester das Rosenband
auf ewig schlingen.

Flink (lacht).

Hahahaha! jezt ist der Komödiant da, er schwimmt
in einem Meer von Wonne und Entzücken.

Hell.

Ganz Krähwinkel macht Ihr noch zu Narren, der när=
rische Assessor kauft sich schon Waffen zusammen, und will
troß meinen Einwendungen mit aller Gewalt auch mit=
ziehen.

Flink.

Jezt will ich zum Rath, ich habe Wichtiges zu un=
serm Besten vor.

(Will gehen.)

Zwölfter Auftritt.

Vorige. Louise.

(Indem Hell und Schunk auf der einen Seite abgehen wollen, und Flink
in des Raths Haus treten will, kommt Louise auf die Bühne.)

Flink
(der sie erblickt, ruft).

Louise!

Louise
(sieht sich um, erkennt ihn aber nicht).

Was war das für eine Stimme!

Flink
(auf sie zugehend).

Kennst du deinen Flink nicht mehr?

Louise.

Er ist's!

(sie umarmen sich.)

Flink.

Liebe Louise!

Louise.

Lieber Flink! (besieht ihn.) Aber sag' mir um's Himmels
Willen, wie siehst du aus?

Hell (für sich).

Das fehlte noch! (laut.) Ich bitte, geht Euch aus den
Armen, wenn Jemand käme, Ihr denkt nicht daran, daß
wir auf offener Straße sind.

(sie trennen sich.)

Louise.

Auch Sie in so sonderbarer Kleidung!

Hell.

Ja, und das wegen Ihnen.

Louise (verwundert).

Wegen mir?

Flink.

Laßt jezt das, sag' mir Mädchen wie kommst du nach Krähwinkel, ich bitte dich erzähle.

Louise.

Als du fort warst, lieber Flink, war auch meine Ruhe dahin, und das Leben wurde mir von meinen Eltern sauer, sehr sauer gemacht.

Flink.

Armes Kind!

Louise.

Von meinem Vater wurden mir wegen dir stets die bittersten Vorwürfe gemacht; war ich traurig, so hieß es, denkst du wieder an deinen Studenten; erheiterte mich die Erinnerung an die glücklichen Stunden die wir verlebten, so hieß es: hast du Briefe bekommen; kommt er bald, laß dich aber nur das Warten nicht verdrießen, und so gieng's in Einem fort.

Flink.

Aber wie kommst du hieher?

Louise.

Die Frau Oberfloß = und Fischmeisterin Brendel hier ist eine Anverwandte von uns, der schrieb ich, ob ich sie nicht auf einige Zeit besuchen dürfe. Sie antwortete, ich möchte kommen; meinem Vater war's erwünscht, denn er glaubt, ich werde dich durch diese Zerstreuung vergessen, und so bin ich hier.

Schund.

Und ziehst mit uns nach Hellas grünenden Gefilden.

Louise.

Ich? Gott behüte!

Hell (zu Schund).

Hol' mich der Teufel, Schund, du wirst noch ein Narr, du glaubst am Ende all' das dumme Zeug.

Schund.

Mir kommt's auch so vor, laß mich träumen, wer weiß wie unser Erwachen seyn wird.

Flink.

Liebe Louise, vernimm die Ursache unserer Mummerei; daß wir uns so lange in deiner Heimath aufgehalten, wird dir bekannt seyn?

Louise (seufzt).

Ach ja! lieber Flink nur zu gut.

Flink.

Bedauerst es aber nicht?

Louise.

Wie kannst du glauben, doch du scherzest.

Flink
(drückt sie an sich).

Hell (tritt zwischen sie).

Laßt jezt die Zärtlichkeit, erzähl' ihr weiter.

Flink.

Kurz, durch den Aufenthalt wurde unsere Staatskasse so geschwächt, daß es uns unmöglich wurde unsern Reiseplan weiter zu verfolgen, da die vorhandenen wenigen Thaler schon eine Stunde von hier einem heißhungrigen Wirth zu Theil wurden. Da ich die Veranlassung war, daß wir auf diese Klippen stießen, lag es auch an mir unser leckes Schifflein wieder flott zu machen, mit kräftig und gewandter Hand erfaßte ich das Steuerruder, spannte alle Seegel auf, und steuerte vom guten Wind, den Burschen immer haben, begünstigt, frisch auf Krähwinkels ,Hoffnungshafen los, in dem wir sicher nun vor Anker liegen. Wie du uns siehst, stellen wir' unglückliche Griechen vor, sind als solche gut empfangen worden, bekommen weiteres Reisegeld, das wir von Hause aus zurückbezahlen, und sind dann honorige Burschen wie zuvor.

Louise.

Warum habt Ihr denn keines entlehnt, oder darum nach der Heimath geschrieben?

Flink.

Reisenden Studenten borgt Niemand gern, und schreiben von deiner Heimath aus haben wir vergessen, und jezt ist es zu spät, Jeder verließ sich auf des Andern Privatkasse, und als die Hauptkasse leer war fand sich's, daß wir bei weitem nicht nach Hause reichen.

Louise.

Wenn man aber Eure losen Streiche entdeckte?

Flink.

Auf's ärgste bin ich gefaßt, ich habe noch eine Mine die ich im Nothfall springen lasse, die ihren Zweck nicht verfehlt. Verschwiegenheit will ich dir anempfehlen. Ich sehe dich doch diesen Abend auf dem Balle, nicht wahr?

Louise.

Ich komme mit der Base.

Flink.

Jezt zum Rath, leb' wohl Geliebte!

(sie umarmen sich.)

Dreizehnter Auftritt.

Vorige. Brendel.

Brendel

(kommt während der Umarmung heftig herein, wüthend).

Ach du Barmherzigkeit! hat denn die Hölle heute ein Bataillon Teufel losgelassen. Ich falle in Ohnmacht. Du leichtsinniges, ruchloses und pflichtvergessenes Ding!

Louise.

Liebe Base!

Brendel.

Von nun an nimmer deine Base.

Hell (zu Flink).

Hab' ich's nicht gesagt!

Flink.

Wertheste Frau —

Brendel.

Lassen Sie mich in Ruh! Warte nur! Vor zwei Stunden sagst du mir, du seyst sterblich in einen Studenten verliebt, ewig wollest ihm treu bleiben. —

Louise.

Liebe Base, das ist ja —

Brendel.

Kein Wort mehr, — und jezt liegst du einer griechischen Durchlaucht in den Armen. Ja, ja, wenn's so fortgeht so kannst du zu einer schönen Anzahl Liebhaber kommen.

(Fängt an zu schreien.)

Herr Rath! Herr Rath!

Hell.

Das giebt eine schöne Geschichte!

Alle.

Wir bitten!

Bren=

Brendel.

Herr Rath! Herr Rath!

Dreizehnter Auftritt.
Vorige. Rath.

Rath
(aus seinem Hause).

Was bedeutet denn solch' ungeheures Geschrei, das die Frau Muhme Ober=Floß= und Fisch=Meisterin auf offener Straße verführen?

Brendel.

Ach, ich kann nicht mehr!

Rath.

Haben auch geschrieen, wie eine Rohrdommel in der Wüste, was sich für eine bevölkerte Stadt, wie Krähwinkel, nicht schickt. Man spreche!

Brendel.

Da dieses leichtsinnige Mädchen, meine Anverwandte, fand ich vorhin auf offener Straße in den Armen des hier anwesenden Fürsten Schuldaki.

Rath.

Ei, ei, Ihre Durchlaucht scheinen reizbare Nerven zu haben!

Flink
(leise zu dem Rath).

Herr Rath, gehört mit zu unserer Verabredung, ich habe sie verführt, mit nach Griechenland zu gehen, da wir bedeutenden Mangel an diesem Artikel leiden, indem der größte Theil unserer Frauen in den türkischen Harems schmachten.

Die Griechen in Krähwinkel.   5

Rath
(sich an Louisen wendend).

Aha! Ist sie die hier besprochene Person?

Louise (schüchtern).

Ja!

Brendel.

Jezt wird das Donnerwetter kommen.

Rath.

Liebt sie den hier anwesenden Fürsten Schuldaki?

Brendel.

So ist's recht, Herr Rath!

Louise.

Von ganzer Seele.

Brendel.

Schaamloses Ding!

Rath.

Ist und wäre sie entschlossen, ihn in Noth und Tod nicht zu verlassen, und auf ewig seine Gefährtin auf seinen Zügen zu werden?

Louise.

Ja!

Rath
(führt sie zu Flink).

Ihro Durchlaucht nehmen Sie sie aus meiner Hand, sie gehört von nun an Ihnen.

(Alle erstaunt.)

Brendel.

Der Herr Rath scherzen!

Rath.

Ein Rath scherzt nie!

Brendel (für sich).

Auch bei dem spukt's im Oberhause! (laut.) Aber Herr

Rath, man verschenkt doch die jungen Dirnen nicht, wie die Distelfinken!

Rath.

Dem Vaterland muß daran gelegen seyn, daß das weibliche Geschlecht in's Ausland versorgt werde, indem solches mit dem männlichen in keinem Verhältniß steht, und acht Mädchen auf einen Mann gehen.

Brendel.

Was wird aber ihr Vater sagen?

Rath.

Er wird froh seyn, daß er sie los ist.

Brendel.

Sie ist ja aber auch mit einem Studenten versprochen.

Rath.

Wird wahrscheinlich ein liederlicher Kerl seyn!

Flink (für sich).

Bedanke mich schönstens!

Rath.

Und das sage ich Ihnen, Frau Ober=Floß= und Fisch=Meisterin, daß Sie mir die fürstliche Braut heute Abend auf den Ball bringen.

Brendel.

Nein, jezt halt' ich's nimmer länger aus, und sage laut, die Griechen sind Zauberer, zum Herrn Stadtpfarrer geh' ich und zeig' es an!

Rath.

Man frevle nicht!

Brendel.

Meine Nichte ist bezaubert, sonst würde sie nicht einem Manne, den sie das erste Mal sieht, in die Arme fallen, die Stadt=Accise=Schreiberin ist so ganz weg, und macht verliebte Augen hin, daß es eine Schande ist! Ach, und mein Bräutigam, der Runkel=Rüben=Commissions=Assessor Sperling, versezt Repetir=Uhr und sämmtliche Pretiosen, und will nach Griechenland, und hat sich schon beim Schwerdt= feger Säbel, Gewehr und Pistolen dafür gekauft, und läuft wie unsinnig vor der Stadt herum!

Rath.

Mich freut des edlen Sperlings Exaltation.

Brendel.

Was, zu alt sey ich ihm schon! nein, das ist zu arg! (weint.) Die Blut= und Freundschafts=Bande haben der Herr Rath auf ewig nun zerrissen!

(Geht schnell ab.)

Vierzehnter Auftritt.

Vorige ohne Brendel.

Schund (deklamirend).

Es knallt wohl, wenn Raketen schwärmen,
Es schreckt uns, wenn das Pulver kracht!
Jedoch der lärmendste der Lärmen
Steht in der bösen Weiber Macht!

(Gehen ab.)

Ende des zweiten Akts.

Dritter Aufzug.

Die Schenke im ersten Akt vorstellend.

Erster Auftritt.

Es ist schon Dämmerung, kein Licht in der Schenke.

Sperling (tritt ein).

(Er hat einen ungeheuren Studenten-Hut älterer Art auf; eine rothe Uniform nach altem Schnitt an, in dem Gürtel zwei Pistolen, ein altes Schlachtschwerdt umgegürtet, und in der Hand einen Karabiner.)

Sperling (ruft).

Herr Schnapper!

Wirth

(tritt herein, als er Sperling erblickt: ängstlich).

Alle guten Geister!

Sperling.

Warum erbebt Ihr, Wirth, ich bin Runkel-Rüben-Commissions-Assessor Sperling.

Wirth.

Ach verzeihen der Herr Runkel-Rüben-Commissions-Assessor, ich las gerade meiner Frau den Rinaldo Rinaldini vor, wir waren an der Stelle, wie des Barons Schloß durch ihn geplündert wird, und — Gott verzeih' mir's, Sie sehen gerade aus, wie er beschrieben ist.

Sperling.

Gemeine Seele, seh' ich wie ein Räuber aus?

Wirth.

Ach so war's nicht gemeint.

Sperling.

Bring' mir die beste Flasche, die du hast im Haus!

Wirth.

Werde die Ehre haben! (für sich.) Der ist mir heute unbegreiflich!

(ab.)

Zweiter Auftritt.

Sperling.

Nein, nicht länger konnt' ich's in Krähwinkels öden Mauern ertragen, hinaus mußt' ich, um meine Gefühle der freien Natur zu opfern, und der Gemeinheit Staub aus meinem Busen zu schütteln.

(Wirth sezt eine Flasche Wein und ein Licht auf den Tisch.)

Wirth.

Der Wein ist unverfälscht und rein.

Sperling.

Wirth, laß mich heute ganz allein,
Ich mag nicht unterhalten seyn.

Wirth.

(ab.)

Dritter Auftritt.

Sperling.

(geht einigemal mit großen Schritten durch die Schenke, bleibt dann in der Mitte stehen).

Beschlossen ist's, ob auch Krähwinkel kämpfe,
Und meine Braut verfällt in ihre Krämpfe,

Ich ziehe in's bedrängte Griechenland;
Will Tintenfaß und Streusandbüchs verlassen,
Am Parnaß oder Helikon erblassen;
Durch eines Türken rohe Schreckenshand.
Was kümmert mich der Rath und ganz Krähwinkel
Mit dem prosaisch ewig gleichen Dünkel,
Ich seh' Miltiades bei Marathon!
Aspasien gleich, will ich ein Weib erringen,
Nicht mehr von Brendel, Floß und Fische singen.
Ich sehe mich schon auf Perikles Thron!
Vom Rathhaus töne jezt zum Abschieds=Balle
Mir die Trompete, daß ich schleunig walle!
Es drängt mich hin zur tapfern Griechenschaar,
Dem Wirth will ich die Zeche schuldig bleiben,
Zur alten Schuld kann er indeß die neue schreiben,
Damit sie größer werde als sie war.

(Geht mit großen Schritten ab.)

Vierter Auftritt.

Kugel (kommt).

Ach Gott! was soll aus Kugelchen werden, die sind
noch nicht da, ach wie bin ich so froh, daß ich kein Grieche
geworden bin, die sind gewiß von den Türken gefangen ge=
nommen worden, der Schnapper fängt an, verdammte Ge=
sichter zu schneiden, ich will nur sehen, was noch aus mir
wird, warum hat man Kugelchen keinen Pechkavalier wer=
den lassen, da wäre ich jezt zu Hause, und würde mir
höchstens die Finger mit Pech beschmutzen, nun liegt aber
das arme Kugelchen bis über die Ohren im Pech! Ach säß
ich doch hinter des Vaters Leisten und klopfte tüchtig drauf

los, anstatt daß sie hier nächstens auf mir herum klopfen werden. Ach Gott!

Fünfter Auftritt.

Kugel. Wirth. Einige Zeit nachher der Rathsdiener **Klaus.**

Wirth.

Die Herren Kameraden machen einen langen Spazier=
gang, sie könnten eigentlich schon lange hier seyn.
(sieht sich im Zimmer um.)

Kugel.

Ach Gott, ja!

Wirth.

Wo ist denn der Runkel=Rüben=Commissions=Assessor
Sperling hingekommen? ahä! der ist wieder fort und hat
nicht bezahlt, das ist eine schöne Zeit, wirklich muß man
sich in Acht nehmen, sonst geht alles zum Teufel, zum
Glück hat er eine vermögliche Braut, die Frau Ober=Floß=
und Fisch=Meisterin Brendel, sonst hätte ich auch so lange
nicht zugesehen, es ist doch nichts Schöneres, als wenn
man so gleich sein baares Geld bekommt, nicht wahr, Mon=
sieur Kugel?

Kugel.

Ja. Das ist recht schön.

Wirth (für sich).

Der fängt mir auch an, verdächtig zu erscheinen, doch
er ist gar zu dumm, das ist mein einziger Trost, und die
Dummen haben größtentheils Geld.

Kugel.

Haben Sie was gesagt, Herr Wirth?

Wirth.

Nichts von Bedeutung, Monsieur Kugel. Sagen Sie
mir, wie wär's, wenn Sie mir eine Abschlagszahlung auf
mein Guthaben von Ihnen und Ihren Kameraden machten?

Kugel.

Das wär' nicht gut, ach Gott!

Wirth.

Es ist ja gleich, ob das Geld unterdessen in meiner oder
Ihrer Tasche steckt.

Kugel.

Ich meine aber das sey nicht gleich, weil das, was ich
für Schund zahlte, das lezte in meiner Tasche war.

Wirth.

Ja, da haben wir's; Sie haben also kein Geld, und
Ihre Kameraden?

Kugel.

Und meine Kameraden haben auch keins!

Wirth.

Und das sagen Sie mir so gleichgültig und sans façon?

Kugel.

Sans façon!

Wirth.

Herr! ich werde mit Ihnen sprechen! Glauben Sie,
man laufe nur so ohne Geld in die Welt hinein, und prelle
die Wirthe! Ich laß Sie einsperren, daß Sie schwarz
werden.

Kugel.

Ach Gott! sind Sie nur nicht so bös, ich kann nichts
dafür, und hab' auch gnug Geld bei mir gehabt, aber alles
Rump und Stump haben meine Kameraden verkneipt.

Wirth.

Das geht mich Alles nichts an! An Sie halt' ich mich jezt. Wo sind Ihre Kameraden hin? Kommen Sie wieder?

Kugel (betrübt).

Weil ich sehe, daß das Lügen bei Euch doch nichts nüzt, so will ich reinen Wein einschenken.

Wirth.

Nun?

Kugel.

Von den andern hat also auch keiner einen Heller, und um Geld zu bekommen, sind sie Griechen geworden.

Wirth.

Was ist das für dummes Zeug, da haben Sie sich einen Bären anbinden lassen.

Kugel.

Ach Gott! ich hab' ja alles mit angehört, der Schund hat ja die Kleider dazu gegeben, und ist auch als Grieche mitgezogen, wenn sie recht Geld zusammengefochten haben, dann kommen sie, holen mich ab, und bezahlen Euch die Zeche.

Wirth.

Wenn es wahr wäre! Wo spielen Sie denn jezt die Komödie?

Kugel.

In Krähwinkel!

Wirth.

In Krähwinkel! davon muß ich mich überzeugen, und Sie, Herr Kugel, müssen mitgehen, denn am Ende läßt man Sie sitzen, und ich bedanke mich schönstens für so ein essendes Pfand.

Kugel.

Ach Gott! aber verrathen Sie micht. nicht; sonst stürzt mir der Flink einen dummen Jungen und ich muß losgehen.

Sechster Auftritt.

Vorige. Klaus. (der betrunken ist.)

Klaus (singt).

Schöner, grüner, schöner, grüner Jungfernkranz! Veilchenblaue Seide!

Wirth.

Der hat wieder bräv geladen, apropos. von dem kann ich ja gleich erfahren, ob es mit den Herren Griechen in Krähwinkel seine Richtigkeit hat! Guten Abend, Klaus!

Klaus.

Nicht guten Abend, Klaus, sondern Herr Geheime Rathhaus=Schlüssel=Aufbewahrer Klaus wünsche einen guten Abend. Diesen Titel geben mir selbst der gestrenge Herr Rath, der ihn mir verliehen, und da kann er Wein=verderber mir ihn auch geben.

Wirth. (für sich).

Wenn ich von dem Bengel nicht die Griechengeschichte erfahren könnte, so ließ ich ihn zur Thüre hinauswerfen. (Laut.) Wo kommt denn der Herr Geheime Rathhaus=Schlüs=sel=Aufbewahrer Klaus so spät her?

Klaus.

Bin auf's hiesige Amt verschickt worden, gebt mir nur schnell ein Glas Wein, ich muß bald wieder in Krähwin=kel seyn, um auf dem Griechenballe heute Nacht aufzu=warten.

Wirth.

Sö wär's am Ende wahr. Seit wenn sind denn Grie=
chen in Krähwinkel?

Klaus.

Seit heute, poz Sackerlot, Und das sind Euch Kerls,
die sehen ganz anders aus als wir, und trinken können
sie, die sagen nur vor, und predauz ist nichts mehr im
Glas, und der Herr Rath frißt sie fast vor Liebe, mor=
gen werden sie auf Wagen verpackt und mit einem schönen
Zehrpfennig weiter geschickt.

Kugel.

Nu Herr Wirth, hab' ich gelogen, hab' ich mir ei=
nen Bären anbinden laffen! Ach Gott! das hätt' ich wif=
fen follen, da wär' ich auch mit!

Wirth.

Ja, ja, Sie sollen mit, das heißt aber mit mir,
mein charmanter Mousieur Kugel. Wart, ich will euch
Griechen spielen, daß ihr dran denken sollt. Solche Stu=
denten=Suiten kenn' ich, bin acht Jahr in Göttingen als
Marqueur in Dienften geftanden, und weiß schon, welch'
Geiftes Kinder ihr feyd, habe manch Hundert Pfeifen
bei Commerçen geftopft und ihren Befen Liebesbriefe zu=
ftecken müffen, manchem eine Parthie durchschlüpfen laf=
fen, und was war der Dank dafür, am Ende wurde ich
noch Roß oder Kameel geschimpft, und wenn ich einschlief
mir ein Schnurrbart gemacht, daß ich den andern Tag der
Welt zum Spektakel herum lief.

Kugel.

Ach Gott! das ift nicht so bös gemeint.

Wirth.

Was verftehen Sie von Comwang, Sie scheinen mir
noch ein Kapital=Fuchs zu feyn, der von allen bemoosten

Burschen geprellt werden soll, kurz ich will mit den Herrn sprechen und sie auch einmal in's Pech bringen, eingesteckt müssen sie mir so lange in Krähwinkel werden, bis ihre Alte die Zeche bezahlen.

Klaus.

Ja, sind denn die Griechen in Krähwinkel keine Griechen?

Wirth.

Leichtsinnige Studenten sind's, die den allerweltsbekannten, liederlichen Komödianten Schund mit sich herumschleppen und ehrliche Leute betrügen wollen.

Klaus.

Ach! daß Gott erbarm! und der Herr Rath spricht à la Durchlaucht mit ihnen! Ist mir doch der Kerl, der Schund, so bekannt vorgekommen und ich hab' nicht gewußt, wo ich ihn hinthun soll. Einen Einzug haben sie gehabt, wie die Prinzen; nu da giebt's einen schönen Spektakel, da krieg' ich am meisten damit zu schaffen, denn Alle miteinander kommen in Thurm.

Kugel.

Ach Gott! Herr Wirth, lassen Sie Gnade für Recht ergehen, meine Frau Mama zahlt gewiß Alles, warum war ich aber auch so dumm und hab' es verrathen.

Klaus.

So, der junge Herr gehören auch mit zu der Bande? Kommen Sie nur gleich mit, ich will Ihnen Ihr Logis in Krähwinkel anweisen lassen.

Kugel.

Ja, soll ich denn heute mit nach Krähwinkel, es ist ja schon Nacht.

Wirth.

Das versteht sich, daß Sie mitgehen; wart, ich will euch einen Walzer aufmachen, daß euch das Tanzen und die Griechen vergehen sollen. Geheime Rathhaus=Schlüssel=Aufbewahrer Klaus zünde Er seine Laterne an, wir wollen uns auf den Weg machen, mit Ihm wird's aber was zu thun geben, Er kann ja kaum stehen. Wein bekommt er keinen mehr, trinke Er in der Küche noch ein Glas Wasser, daß Ihm der Dunst, bis wir nach Krähwinkel kommen, vergeht.

Klaus.

Sprech' Er mir doch nicht von Wasser, wenn ich von dem höre, da bekomm' ich gleich das Fieber; es wird mir ja schon ganz schwindlicht, wenn ich nur an einem Brunnen vorbei gehe.

Wirth.

Jezt frisch vorwärts!

Klaus.

Wart, ich will euch begriechen!

(zündet seine Laterne an.)

Kugel (im Abgehen).

Ach Gott!

Alle

(ab.)

Verwandlung.

Siebenter Auftritt.

Das Theater verwandelt sich in einen Saal auf dem Rathhause in Krähwinkel, im Hintergrunde mehrere Tische, worauf Getränke und Speisen stehen; in der Mitte des Saals hängt ein Kronleuchter aus Faßreifen gemacht, für die Musik muß eine Art Orchester etwas weit hinten stehen, worauf auf einem Pappendeckel geschrieben steht: Harchesie! Krazer und Dudelmann treten mit noch zwei Musikanten=Gesellen, ihre Instrumente in der Hand, in den Saal.

Krazer.

Heute sind wir brav angespannt, den halben Tag blasen wir jezt bereits in der Stadt herum, daß die Lunge zu raisonniren anfängt, und jezt geht der Ball an und da soll fortgegeigt werden, bis die liebe Sonne die Baßgeige bestrahlt.

Dudelmann.

Ja, und die Bezahlung für heute war schlecht.

Krazer.

Und der Rath will stets recht angreifende Stücke. Da heißt's immer: „Krazer, mein Leibstück"! und deren hat er so viele als Glieder am Leibe! Ist der Dessauer Marsch aus, so heißt's, Krazer, frisch, ach Straßburg, ach Straßburg! und fällt ihm nichts mehr ein, so schreit er, jezt Krazer, einen aus dem FF.

Dudelmann.

Gut bezahlen ist aber nicht sein Leibstück.

Krazer.

Wenn ich für jeden Tusch, den ich seit neunundzwanzig Jahren blasen mußte, einen Thaler bekommen hätte, wär' ich der reichste Kerl in ganz Krähwinkel, wenn es der Herr Stadtpfarrer nicht hintertrieben hätte, so hätte er's durchgesezt, ihm einen Tusch bei seinem Hereintreten in die Kirche zu blasen, ein Tusch ist ihm lieber als ein Eccossaise von Mozart, oder ein Ländler von Jomelli.

Dudelmann.

Wo ist denn der Jomelli wirklich?

Krazer.

Nach der musikalischen Zeitung ist er jezt Staabstrompeter bei den schwedischen Husaren.

Dudelmann.

Da soll auch wirklich in Italien so ein guter Combe=
nist seyn?

Krazer.

Weiß schon, das ist der Stadtzinkenist Rossini in Mai=
land, der macht Walzer die drei Stunden lang dauern,
die diebische Elster sey sein bester, der fängt mit dem Za=
pfenstreich an.

Dudelmann.

Zu dem möcht' ich in Condition!

Krazer.

Unser Wolfsschlucht=Walzer macht heute gewiß auch
Glück; ich danke doch täglich meinem Schöpfer, daß er
einen Musikanten aus mir gemacht hat, s'ist doch ein
schönes Leben drum, man kommt geschwind in's Horchester.
(Ge in's Orchester.)

Achter Auftritt.

Vorige. Studenten. Schund.

Flink (zu Hell).

Was sagst du jetzt dazu, zweifelnde Seele, sieh her,
(zeigt ihm einen Beutel) hundert baare Thaler hat der Rath
für uns collectirt, und hier (zeigt ihm ein Papier) dieser Con=
trakt, den er mir unterschrieben, sichert uns, im Fall
unsre Suite entdeckt werden sollte; unser Talisman soll's
seyn, im Falle der Gefahr, ich halte ihn Krähwinkels
Satrapen, dem unerreichbar großen Staar vor die Augen,
und donnre ihm das einzige Wörtchen Staatsverräther in
die Ohren und wir sind gerettet!

Hell.

Hell.

Solche Einfalt und deine Unverschämtheit die Schwäche dieser Philister zu benützen, ist mir nie vorgekommen. Was enthält denn der Contrakt?

Flink (mit Pathos).

Er giebt mir als Mitglied der Griechischen Regierung das Ehrenwort, jährlich fünf Mann für uns zu werben und zuzuschicken, und beurlaubte Soldaten von Krähwinkel zur Desertion zu verleiten, aus denen eine Staarische Legion in Griechenland gebildet werden soll, ich mußte mich aber verbindlich machen, ihm den Fürstentitel und einen Orden, im Fall einer gestiftet werden sollte, zu verschaffen.

Hell.

Was fangen wir aber morgen mit dem Narren Runkel=Rüben=Commissions=Assessor an, der will ernstlich mit?

Flink.

Auf der ersten Station suchen wir ihn zu berauschen, werfen den Plunder von uns, und keiner kennt ihn mehr, deine Dulzinea von Toboso, Ritter von der traurigen Gestalt sperren wir ein.

Schund.

Bei allen Göttern, nein! Was ist das Leben ohne Liebesglanz? — Ich werf' es hin, da sein Gehalt verschwunden!

Hell.

Spiel doch nicht stets Komödie!

Schund.

Aurora, süßer Name, Morgenroth meine Beherrscherin, wenn auch der Erdball wankt, aus deinen Armen reißt mich nur der Tod! — Morgenroth, die Abendröthe meines Lebens sollst du purpurfarbig mir beglänzen.

Flink.

Schund, im Ernst gesprochen, treibe den Scherz nicht zu weit!

Schund (natürlich).

Jezt im Ernst, ich laß nimmer von ihr, sie hat Vaßen, und das ist so ein Essen für einen ruinirten Theater-Prinzipal. Ich fange wieder eine Direction an, für edle Mütter, z. E. die Mutter in der Braut von Messina, ist sie noch lange Jahre gut.

Studenten (lachen).

Hell.

Glaubst du denn, sie bleibe bei dir, wenn sie erfährt, daß du ein Komödiant bist.

Flink.

Sezt Euch jezt in Positur, es kommen Leute, ich kann es kaum erwarten bis mein Louischen kommt!

Neunter Auftritt.

Vorige. Stadt-Kommandant Rummelpuff mit zwei Mann Wache, die er an die Thüre postirt, Bürger von Krähwinkel in alter Tracht, Brendel mit Louischen. Sie führt sie in den Vordergrund, hernach Sperling.

Brendel.

Wenn ich heute nicht vom Verstande komme, so ist's ein großes Glück! (zu Louise.) Geh' hin zu deiner Durchlaucht, ich darf ja erst nichts sagen, o ich möchte vor Galle bersten!

Flink.

Liebe Louise! (umarmen sich und sprechen auf der Seite leise zusammen).

Brendel.

Auf der Gasse ist ein schrecklicher Tumult, ich laufe hin, will sehen, was es giebt, ach du Barmherzigkeit, da kommt der Runkel-Rüben-Commissions-Assessor, hat Säbel und Karabiner an und sich einen Bart gemacht, rennt auf mich zu und will mich umarmen, muß mich vor dem Narren in ein Haus flüchten, die Stadt-Accise-Cassa-Schreiberin ist förmlich verrückt, hat einen ungeheuren Hirschfänger umgeschnallt und läuft damit auf öffentlicher Straße herum.

Flink (zu Louise).

Vertraue auf mich! Wir sind bald am Ziele unserer Wünsche, und wie gesagt, hier.

Louise.

O wenn ich's hoffen dürfte!

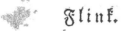

Flink.

Die Raths-Schreibers-Stelle ist vacant, der Herr Rath hat sie zu vergeben, und er darf sie keinem Andern geben als mir.

(Die Musikanten fangen an zu stimmen.)

Einige.

Der Herr Rath!

Zehnter Auftritt.

Vorige. Rath. Sperling. Staar. Morgenroth. Volk.

ie Muſikanten ſpielen einen Tuſch. Gegenſeitige Verbeugungen der An=
kommenden und Anweſenden, als Schund die Morgenroth erblickt,
ſtürzt er auf ſie zu und umarmt ſie.

Schund.

Holde Braut!

Morgenroth

(hat einen Hirſchfänger umgeſchnallt).

Schundaki!

Sperling

(will Brendel, als er ſie erblickt, umarmen).

Süße Brendel!

Brendel (windet ſich los).

Herr Runkel=Rüben=Commiſſions=Aſſeſſor laſſen Sie mich
in Ruhe, mit einem Narren mag ich nichts zu thun ha=
ben, gehen Sie meinetwegen hin, wo die Welt mit Bret=
ter vernagelt iſt und verputzen Sie Ihr Sach vollends, mit
einer Heirath mit mir dürfen Sie ſich nicht mehr flattiren.

Rath (zu Brendel).

Man enthalte ſich aller Sticheleien, er iſt mein Charge
d'Affaires.

Sperling.

Jezt erſt bin ich ganz frei, gelöst ſind alle Bande,
Die Heirath machte mir in Griechenland nur Schande.

Brendel.

Was? Schande? Sie leichtſinniges Tuch! Sie Schul=
denmacher!

Morgenroth.

Herr Runkel=Rüben=Commiſſions=Aſſeſſor laſſen Sie ſie,
man hat keine Ehre davon.

Brendel (zu Morgenroth).

Sie kommen mir gerad recht! Wenn Sie eine Parthie in Krähwinkel hätten machen können, so liefen Sie nicht mit dem Ersten Besten in fremde Länder, sie alte verliebte Turteltaube!

Morgenroth.

Was? Ich, die fürstliche Braut, eine alte verliebte Turteltaube! ha! das muß blutig geähndet werden!

(Zieht den Hirschfänger und dringt auf sie ein. Sperling und Schund verhindern es.)

Schund (tritt vor Brendel).

Es braucht der Waffen nicht, ich zeige mich ihr nur und schnell bezähmt, gebt acht, kehrt der empörte Weibersinn in's alte Bette des Gehorsams wieder!

Rath.

Zu lange schon hab' ich gezaudert! Stadt-Kommandant Rummelpuff vor!

Rummelpuff
(zieht den Hut und tritt vor den Rath).

Gehorsamer Diener! haben der gestrenge Herr Rath etwas zu befehlen?

Rath.

Man führe die anwesende Frau Ober-Floß- und Fisch-Meisterin Brendel in den Brummstall!

Brendel (wüthend).

Das will ich doch sehen, wer mich arretirt!

Rath.

Stadt-Kommandant Rummelpuff, Sie haften mit Ihrem Kopf dafür und bringen mir die Rebellin aus den Augen. (Schreit.) Kratzer, frisch auf Kameraden!

(Musik spielt, frisch auf Kameraden.)

Rummelpuff.

Garnison, angepackt!

Brendel.

Komm und untersteh' sich einer und reg' mich an!

(Schäberle und Tigerkopf rücken an, der erste naht sich ihr.)

Brendel.

Schäberle, ich sag's Ihm, bin ich Seiner Frau nicht vor dreiundzwanzig Jahren zu Gevatter gestanden?

Rummelpuff.

Garnison, im Sturmschritt vor!

Brendel.

Nun, weil's doch so seyn soll, kommt her!

(Nachdem Tigerkopf und Schäberle sie anpacken wollen, nimmt Brendel beide zugleich und wirft sie zu Boden, und sagt abgehend.)

Wünsch', daß wohl bekomm!

(Wenn die Stadt-Soldaten fallen, schweigt die Musik.)

Alle.

Entsetzlich!

Staar.

Jezt haben wir kein stehendes Heer mehr.

Rath.

An der will ich mich brillant rächen! (sieht nach der Thüre.) Ist sie fort?

Staar.

Ja!

Rath

(zu Flink und Schund.)

Thut mir unendlich leid, Ihro Durchlauchten, daß der Ball durch den Vorfall verzögert wurde, man ordne sich zum Balle; schade, daß wir Niemand haben, der die türkise Trommel schlagen kann, es erhöht den Effekt.

Flink.

Da wird sich der gefangene Türke ein Vergnügen daraus machen.

Rath.

Wenn Sie es erlauben, man hole ihn nebst seiner
türkischen Trommel! — Wo bleibt denn der Klaus heute
so lang?

(Ein Diener geht weg.)

Im Hintergrunde zechen an dem Tische einige Studenten, Sperling,
der bei ihnen stand, kommt zum Rath.

Sperling.

Sie lernen recht brav deutsch, der Griechen muntrer Chor:
Auf Cerevice schreien sie, noch einen Stiefel vor!

Mehrere.

Der Türke! der Türke!

———————

Eilfter Auftritt.

Vorige. Der Türke kommt mit einer türkischen Tromme
auf dem Rücken. Flink führt ihn zu dem Rath, vor dem
er eine tiefe Verbeugung macht.

Flink.

Hurrah Bi!

Türke.

Hurrah Ba!

Rath.

Ist ein hübsches Kerlchen, der Türke, man sollt's ihm
nicht ansehn, daß sie so Bullenbeißer sind. Was heißt
denn das Hurrah Bi und Ba?

Flink.

Hurrah Bi heißt so viel als: comment vous portez vous? und das Hurrah Ba, toujour, wie vorgestern!

Sperling.

Ha! Wuth ergreifet mich beim Anblick dieses Türken,
Hyänenartig will ich Tausende erwürgen!
Beladen mit den Köpfen kehre ich dann heim
Und trinke Cypernwein und esse Gerstenschleim.

Rath (winkt dem Türken).

Geh' er jezt in's Harchester! Meine Herren, wir wollen den Ball eröffnen, Krazer, meinen Leibwalzer!

Krazer.

Was für einen?

Rath.

Dummer Kerl! Er weiß ja schon! (singt.) Trink' Thee, Louise!

Krazer.

Weiß jezt schon.

(Die Musikanten fangen an, der Bürgermeister ergreift die Morgengenroth, Sperling sucht sich auch eine aus, Flink tanzt mit Louisen. Die Studenten suchen sich Mädchen aus, einige in altfränkischen Karikaturen müssen da seyn. Die Musik muß so lange fortmachen, bis Schund das Folgende gesprochen hat.)

Schund (mit starker Stimme).

Blast, blast, o wären es die türk'schen Hörner,
Und gieng's von hier gerad in's Feld des Todes,
Und alle Schwerdter, die ich hier
Entblößt muß sehn, durchdrängen meinen Busen.
Was wollt ihr? Kommt ihr, mich von hier hinweg
Zu reißen? — O treibt mich nicht zur Verzweiflung!
Thut's nicht! Ihr könntet es bereuen!

Noch mehr! — Es hängt Gewicht sich an Gewicht
Und ihre Masse zieht mich schwer hinab. —
Bedenket, was Ihr thut! Es ist nicht wohlgethan,
Zum Führer den Verzweifelnden zu wählen.
Ihr reißt mich weg von meinem Glück, wohlan,
Der Rachegöttin weih' ich Eure Seelen.
Ihr habt gewählt zum eigenen Verderben;
Wer mit mir geht, der sey bereit zu sterben.

Zwölfter Auftritt.

Vorige. Klaus. Kugel. Wirth.

Klaus
(a t einer Laterne, ist noch betrunken, schreit).

He, holla, Herr Rath!

Kugel und Wirth
(treten in den Saal).

Flink.

Alle Teufel!

Schund.

Samiel hilf!

Hell.

So mußt' es kommen.

Rath.

Was ist das?

Klaus.

Studenten sind's, Herr Rath, keine Polaken!

Rath.

Er ist betrunken, wer spricht denn von Polaken?

Klaus.

Griechen wollt' ich sagen.

Rath (zum Wirth).

Wo kommt er so spät mit dem jungen Menschen her?

Kugel.

Ach Gott!

Wirth.

Eine Betrügerei will ich entdecken, hier alle diese (auf Schund und die Studenten zeigend) sind keine Griechen.

Alle.

Keine Griechen?

Wirth.

Studenten sind's!

Alle.

Studenten?

Flink.

Unverschämter!

Wirth.

Wie gesagt, Studenten sind's, bis auf diesen da, das ist der liederliche Komödiant Schund.

Morgenroth.

Lästerzunge!

Schund.

Leere dich aus, giftiges Ungeheuer! Verläumdung, damit ich den Feuerstrahl der Wahrheit in des großen Raths Brust leuchten lasse.

Klaus.

Das nuzt nichts!

Rath.

Halt' Er sein Maul, Trunkenbold, bis er gefragt wird, (für sich.) übrigens, wie gesagt, mit Schunds Stimme hat er Aehnlichkeit.

Kugel (zu Flink).

Grüß' dich Gott, Flink! Ach Gott!

Flink.

Schaamloser! ich kenne dich nicht!

Kugel.

Ach Gott!

Wirth.

Bei mir logirten sie; mit dem wenigen Geld, das sie hatten, zahlten sie Schunds Zeche, der ihnen die Lumpen, die sie jezt auf dem Leib haben, überließ, um hier die Komödie zu spielen, und den Herrn Rath und ganz Krähwinkel zu betrügen, den armen Teufel da ließen sie bei mir im Versatz.

Rath (zu Kugel).

Wer ist Er?

Kugel.

Ach Gott! Hof=Schuhmacher Kugel in Meinungen ist mein Vater.

Flink.

Herr Rath, bis jezt hab' ich geschwiegen, weil ich überzeugt bin, daß Sie, über solch' niedrige Kabalen erhaben sind; allein wissen Sie jezt Alles, ich will dieß gemeine Gewebe dieser Buben zerreißen, und es offen und klar erklären, daß heute unser unglücklicher Tag ist.

Rath.

Wie so?

Flink.

Freitag ist's, und seitdem, daß wir in Deutschland umherirren, umgarnen uns an diesem Tage höllische Dämonen, zum Exempel glaube ich nicht, daß dieser sich für ei=

nen Hof-Schuhmachers Sohn ausgebende Kugel ein Mensch
ist.

(Die Umstehenden weichen von ihm.)

Sperling.

Ja, ja! wie Mephistofel hat er einen Fuß,
Es bringt der Teufel selbst der Menschheit einen Gruß.

Rath (entfernt sich von ihm).

Man referire, ob man der Menschen- oder Geisterwelt,
dem Himmel oder der Hölle angehöre.

Klaus.

Es ist gewiß kein böser Geist, er sagt ja immer: Ach
Gott!

Rath.

Schweig' Er, Er gehört heute auch der Geisterwelt an,
denn Er hat gewiß wieder ein paar Quart Kirschengeist zu
sich genommen! — Kugel, sprech' Er! gehört Er der Geisterwelt an?

Kugel (für sich).

Sie lassen mir doch keine Ruh, ich sag' lieber ja! (laut.)
Ich will's nur gestehen, ja, ich gehör' der Geisterwelt an!

Rath
(und Bürger entfernen sich mehr von ihm).

Hebe dich weg, Satanas!

Kugel.

Wenn Sie's erlauben, so geht der Geist fort!

Flink (für sich).

Der Kerl hat sich diesmal gut aus der Schlinge gezogen.

Wirth.

Glauben Sie es nicht, Herr Rath!

Flink.

Werkzeug der Hölle, nichts weiter!

Rath.

Ich sehe nun deutlich, daß Er sich mit dem Schwarzen eingelassen. Entferne Er sich!

Wirth.

Ich gehe nicht von der Stelle, bis ich mein Geld habe.

Schund.

In der Hölle kannst du es holen!

Rath.

Man entferne sich!

Wirth.

Ich gehe jezt, aber — (zu den Studenten) Ihr sollt an mich denken!

Rath (zu Klaus).

Und weiß Er was, Er ist ein Rindvich, wenn Er betrunken ist, sieht er den Teufel für Seinesgleichen an.

Klaus.

Der giebt sich nicht mit gemeinen Leuten ab.

(Geht.)

Rath.

Ihro Durchlauchten, es thut mir sehr leid, daß dieser Ball eine Kette von Verdruß und Widerwärtigkeiten ist.

Schund.

An diesem Tage erwarten wir's nicht anders.

Rath.

Werde einige Erfrischungen zu mir nehmen und gleich die Ehre wieder haben.

(Geht in den Hintergrund.)

Louise.

Ach lieber Flink! wie habe ich Angst ausgestanden.

Flink.

Unverschämtheit allein konnte siegen.

Schund (zu Morgenroth).

Du zweifeltest doch nicht, geliebte Morgenroth?

Morgen.

Gott behüte! Schundaki, wenn wir nur erst in Grie=
chenland wären, und der Pfarrer den Segen über uns ge=
sprochen hätte, ich kann es kaum erwarten, bis man zu
mir sagen wird, haben die Frau Durchlauchtin gut ge=
schlafen?

Schund.

Geduld, große Seele, der Augenblick wird kommen,
(für sich) nämlich auf dem Theater! (Laut.) Wo man dich
als Majestät sogar als Kaiserin begrüßen wird. (Für sich.)
Doch alte böse Bauernweiber und Hexen muß sie mir auch
spielen.

Staar
(kommt aus dem Hintergrund).

Mir kommt die Sache halb und halb verdächtig vor.
Zwei der Griechen, die ich belauschte, sagten vorhin auf
recht gut deutsch: „die Philister haben wir tüchtig über den
„Löffel barbiert, es gehört aber auch solchen Kameelern
„nicht besser, die werden Skandal machen, wenn sie die
„Suite erfahren.“

Dreizehnter Auftritt.

Vorige. Klaus.

Klaus.

Herr Rath, da ist ein Brief aus der Residenz angekommen.

Rath
(aus dem Hintergrunde kommend).

Aus der Residenz? (sieht den Brief an.) Ah, der ist von meinem Schwiegersohn, Geheimen Commissions-Rath, nun wollen wir sehen, was der Neues weiß.

(Fängt an zu lesen.)

Lieber Herr Vater!

„Die Rathsschreibers-Stelle, die bei Ihnen erledigt ist, „hat mir der Minister aufgetragen, Ihnen zu berichten, daß „Sie solche durch einen jungen thätigen Mann von Kenntniß „wieder besetzen sollen, schlagen Sie also einen vor, und „die Bestätigung soll erfolgen."

„Da nächstens die ersten unglücklichen griechischen Flücht= „linge eintreffen werden, und sie ihr Weg durch die Re= „sidenz und sodann nach Krähwinkel führt," —

(lacht.)

Ha! ha! ha! sind schon in Krähwinkel, Herr Schwiegersohn, und nicht wahr, Ihro Durchlauchten sind zufrieden.

(Liest weiter.)

„so werde ich um allem Unfuge zu steuern, als Sekretär „des hiesigen Griechenvereins, jedem von hier abgehenden „Transport einen eigenhändigen Brief mitgeben, ohne „welchen ich Sie keine Seele zu unterstützen bitte, sondern „sich für Griechen ausgebende Subjekte" —

Was Teufel! —

Flink.

Gute Nacht!

Rath (wüthend).

„Arretiren zu lassen!" Meine Herren heraus mit dem Brief von meinem Schwiegersohn! Sie haben mir ja gesagt, Sie seyen in der Residenz gewesen, heraus mit der Sprache!

Schund.

Wir haben ihn verloren!

Rath.

Heraus mit dem Brief von meinem Schwiegersohn! Wenn es wahr ist, was ich vermuthe, so soll ein Krähwinklisches Hagel = und ein Kurländisches Donnerwetter über euern Schädeln zusammenkrachen, daß euch bis zum jüngsten Tag Hören und Sehen vergehen soll! Mich, einen königlichen Rath zum Narren zu haben, heraus mit dem Brief von meinem Schwiegersohn!

Hell (zu Flink).

Jezt hilf dir Samiel!

Louise.

Lieber Flink!

Flink.

Sey ruhig!

Krazer
(schreit aus dem Orchester).

Herr Rath, der Türke ist kein Türke, er hat so eben in der Betrunkenheit gesagt, er sey ein Student.

Rath
(geht zu Schund und reißt ihm den Bart herunter).

Alle Teufel, es ist wahr, der schlechte Schund ist's, wie er lebt und webt! (schlägt sich vor die Stirne.) O ich Raths Rindvieh! und vor ihm Kerl machte ich Bücklinge bis auf den Boden, und sprach per Durchlaucht mit ihm!

Schund.

Es liebt die Welt das Strahlende zu schwärzen,
Und das Erhabne in den Staub zu ziehn —
Doch fürchte nichts —

Rath.

Doch fürchte, ja es giebt noch Pranger, Thurm und
Zuchthaus in Krähwinkel! (zu Flink.) Wer ist Er? heraus
damit!

Flink
(nimmt seinen Bart auch herunter).

Schuldaki, der Tapfere verwandelt sich unterthänigst
und gehorsamst in Flink, einen der renomirtesten, flott-
sten und fidelsten Burschen in Göttingen.

Rath.

Wartet, ich will Euch die Fidelität im Thurm schon
vertreiben!

Flink

Nicht so geschwind!

Morgenroth (zu Schund).

Und Er, heilloser Mensch! — ach, ich kann nicht mehr!
(wirft den Hirschfänger von sich weg.) Nein, die Schande über-
lebe ich nicht, mit einem Komödianten Bekanntschaft gehabt zu haben, meine Ehre und mein guter Ruf, sind mir
auf ewig abgeschnitten! Weg von mir, Verräther!

Schund
(umarmt sie sträubend).

Ein Liebesnetz hab' ich um dich gesponnen,
Zerreiß' es, wenn du kannst!

Sperling (auf Hell zu).

Schändlicher, noch heut' sollst du mein Schwerdt empfinden,
Ich schicke dich hinab mit allen deinen Sünden!

Hell.

Ich stehe gleich zu Dienst mit Säbel und Pistolen.

Sperling.

Doch schlage ich mich nicht, der Teufel soll mich holen!

Rath.

Stadt-Kommandant Rummelpuff vor, man beseße die Thüre.

Rummelpuff.

Ganz recht, Herr Rath!
(Nimmt einen Stuhl und sißt vor die Thüre.)

Vierzehnter Auftritt.

Vorige. Grünbusch (vor der Thüre).

Rummelpuff.

Wer da?

Grünbusch.

Gut Freund!

Rath.

Stadt-Kommandant! man lasse ihn herein, es ist mein Schwiegersohn Grünbusch mit seiner Medaille.

Grünbusch.

Flink, lieber Flink!
(er umarmt ihn.)

Alle.

Was ist das?

Flink.

Ein Jugendfreund von mir ist's, mein lieber Grünbusch!

Rath.

Der Herr Schwiegersohn haben brave Freunde.

Grünbusch (der Flink ansieht).

Was Teufel hast du denn für Fetzen am Leib, Eure Masken sind nicht sehr nobel.

Flink.

Nothflaggen sind's, die wir aussteckten, um Krähwinkels gemüthliche Seelen zu rühren, unsern Hunger und Durst zu stillen, und uns mit einigem Metall für unsere Reise auszurüsten.

Rath.

Für unglückliche Griechen haben sich die Teufelskinder ausgegeben.

Flink.

In mir erblickst du den großen Fürsten Schuldaki.

Rath.

Unerhörte Festivitäten wurden ihnen zu Ehren gefeiert, doch alle, alle diese Galgenvögel müssen mir in den Thurm!

Grünbusch.

Hahahaha!

Flink (zum Rath).

Das edle Griechenvolk kommt nicht in den Thurm.
(Langt aus der Seitentasche das Dokument vom Rath, und bringt es ihm nahe vor die Augen; halblaut.)

Staatsverräther!

Rath
(taumelt erschrocken zurück, und hält ihm mit zitternder Hand den Mund zu).

Es ist ja Alles gut, um Gotteswillen nur keine Sylbe! — O ich Esel! an das habe ich gar nicht mehr gedacht! — Alles, alles will ich ja vergessen, geben Sie mir's um aller Heiligen wieder zurück!

Flink.

Unter einer Bedingung.

Rath.

Heraus damit! die wäre!

Flink (halblaut).

Die Rathsschreibers-Stelle, die Sie hier zu vergeben haben, müßte mir werden.

Rath.

Sind mir zwar schon zweihundert Gulden geboten worden, aber Sie sollen sie haben.

Flink.

Viktoria, liebe Louise!

(Sie umarmen sich.)

Louise.

Ich bin so glücklich, lieber Flink!

Grünbusch.

Spitzbube, was bedeutet das?

Flink.

Meine Geliebte ist's, bald aber meine Frau, Sie ist die Ursache unserer pecuniären Fatalität, die uns veranlaßte Griechen zu spielen. Und dieser Komödie habe ich jezt mein Glück zu verdanken. Brüder, ich bin so froh, daß ich die ganze Welt umarmen möchte, kommt Bursche! (umarmt mehrere, besonders Hell.) Grünbusch, du giebst mir Geld, daß ich den erboßten Wirth bezahlen und meine flotten Bursche flott in die Heimath poussiren kann, bald kehre ich wieder, treues Herz (umarmt Grünbusch), um mich nie wieder von dir zu trennen.

Rath (für sich).

Der hat mich anlaufen lassen.

Flink.

Hier, großer Rath und künftiger Gebieter, hier ist das

collectirte Geld, deſſen ich nicht mehr bedarf, mit Thränen in den Augen gebe ich's zurück! Sie beſtimmen es für die bald ankommenden wirklichen Griechen; und wir geben auch hundert Thaler dazu.

Rath.

Ja, ja, allerdings! (leiſe) o Spitzbube!

Schund.

Herr Rath, ſorgen Sie auch für mich armen Teufel! (zu ihm in's Ohr.) Ich weiß ja auch von der Geſchichte!

Rath.

Was will Er denn, Böſewicht?

Schund.

So wie ich höre, ſoll die Stadt=Perückenmachers=Stelle hier erledigt ſeyn, und da die Haarbeutel, Zöpfe und Perücken hier noch im ſchönſten Flor ſind, und ich dieſe Kunſt lange Zeit ausgeübt habe, wäre es ſo ein Plätzchen für mich.

Rath.

Er ſoll ſie haben.

Schund.

Geben mir der große Herr Rath noch ein Titelchen dazu, und ich laſſe das Komödienſpielen bleiben, ſo fände ich vielleicht Gnade in den Augen der Frau Stadt=Accise=Caſſa=Schreiberin; beſonders da ihr Ruf durch die Liebesgeſchichte mit mir doch auch einigermaßen nothgelitten hat.

Morgenroth.

Komm an mein Herz, Schund, ſo böſe war es nicht gemeint, und zu weit hab' ich mich doch ſchon mit dir eingelaſſen. (Sie umarmen ſich.)

Rath.

Den Titel hätte ich auch ſchon; er giebt, wenn er

nicht zu frisiren hat, den Waisenknaben unentgeldlichen Un=
terricht im Deklamiren, und ich ernenne ihn zum Professor
der Deklamation und Aesthetik.

Schund.

Ich muß aber offen gestehen, im Lesen und Schreiben
bin ich stark vernachläffigt worden, und lateinisch kann ich
auch nicht.

Rath.

Thut nichts, er weiß ja als Komödiant eine Menge so
dummes Zeugs auswendig, das brüllt er ihnen vor, die
Knaben sollen es dann nachbrüllen.

—————

Fünfzehnter Auftritt.

Vorige. Kugel. Brendel. Wirth.

Brendel.

Gehorsamster Diener allerseits, soll ich jezt noch arretirt
werden! habe bereits gehört, was Ihre Durchlaucht für
Früchte sind, wie befinden sich die fürstlichen Bräute? Ja so
geht's einem, wenn man die Wahrheit spricht.

Flink (zu Kugel.)

Komm an mein Herz, du Staatskugel! (umarmt ihn)
vergesse alle ausgestandene Leiden, mit vollem Beutel ziehen
wir jezt weiter, da Wirth, hat er sein Geld!

Wirth.

Danke gehorsamst!

Kugel.

Ach Gott! Flink, jezt wird mir's erst wieder wohl!

Rath.

Frau Ober = Floß = und Fischmeisterin Brendel, verehrteste

Muhme, bitte wegen einigen von mir heut ausgeſtoßenen,
etwas zu ſtrengen Redensarten um Verzeihung.

Sperling (kniet nieder).

Zermalmet und zerquetſcht in kniender Parade,
Lieg' ich vor dir, o Braut, und bitt' für mich um Gnade;
In deinen Heldenarm, o Starke, nimm mich wieder,
Aus Sperlings Neſtlein tönen Minnelieder,
Gleich Freimund Raimar ſelbſt, und jedem großen Dichter!
Brennt meine Phantaſie gleich Fackeln gegen Lichter!
O meine Bobelina!

Flink.

Gehorſamſter Diener, Frau Ober=Floß= und Fiſchmei=
ſterin, und künftiger wirklicher Rathsſchreiber zu und in
Krähwinkel, in Dero Freund= und Verwandtſchaft ſich be=
ſtens empfehlend.

Brendel.

Ihr loſes Volk, kommt Alle her zu mir!
(reicht ihnen die Hände.)
Verzeihen ſoll ja göttlich ſeyn.

Sperling und Brendel (umarmen ſich).

Verzeihung!

Rath.

Allgemeine Amneſtie!
(Sie bilden eine Gruppe, Flink tritt vor.)

Flink.

Verzeihet, Griechen, daß wir Euren Namen,
Benützt in dieſem kleinen Poſſenſpiel;
Kommt ihr wie wir, einſt ſicher zu dem Ziel,
So ſage ich von ganzer Seele: Amen!

Ende.

Das

Volks = Fest.

—

Posse in drei Aufzügen.

Von

Friedrich Heinrich.

———

Ulm,

im Verlage der Stettin'schen Buchhandlung.

1825.

Posse in drei Aufzügen

Personen.

Pachter Futtermann.

Hedwig, seine Tochter.

Baronesse Solms.

Walter.

Accordi, ein Musikus.

Braun, Kupferstecher.

Lustig, ein Avanturieur.

Hanns,
Jakob, } in des Pachters Hause.

Bediente der Baronin.

Orgelpest, Schulmeister.

Schmunzler, sein Factotum und Gehülfe.

Hannchen, des Wirths zu Blüthenau Tochter, stumm.

Kellner im Gasthofe.

Zwei Polizeidiener.

Bauer, Bäuerinnen, Volk.

Erſter Aufzug.

Das Theater ſtellt eine ländliche Gegend vor, im Vordergrunde des Pachters Futtermann Haus, ihm gegenüber die Schenke.

Erſter Auftritt.

Accordi, Braun.

Accordi.

Ein herrlicher Abend; komm Herr Bruder, wir wollen
die Berge beſteigen! von der Maierei aus hat man die
ſchöne Gegend am ausgebreitetſten vor ſich.

Braun.

Ja, ja! die Berge und die Maierei; bei dir heißt es
aber nicht, mit unſerem großen Schiller zu ſprechen: „Auf
den Bergen iſt Freiheit!" Auf den Bergen gieng die dei-
nige verloren, und rede mir nur nichts von der Ausſicht
bei der Maierei; ſtatt deine Augen in's Thal zu richten,
hefteſt du ſtarr deinen ſchmachtenden Blick nach den zwei kleinen Fenſterlein.

Accordi.

Ach! laß das!

Braun.

Kurz, mit einem Wort, du biſt ganz entſetzlich in dieſe
Hedwig verliebt, die du in der Maierei kennen lernteſt.

Accordi.

Nun ja ja! und ewig werde ich ihre Feſſeln tragen.

Braun.

Du haft aber in der Liebe schon so viele Variationen componirt und durchgeführt, daß ich zweifle, ob du deinem jeßigen Thema stets treu bleiben wirst.

Accordi.

Bei Sebastian Bach, Mozart und meiner Cremoneser Geige sey's geschworen! meiner Hedwig treu zu bleiben; die Dissonanzen unsers Schicksals sollen die reinen Akkorde unserer harmonischen Seelen zerstreuen.

Braun.

Wenn nur der Vater in eurem Liebes=Conzert nicht den Contre=Baß spielt, und euch aus dem Takt bringt; wie es mir scheint, wird es wenigstens schwer halten, ihn nach dem empfindsamen Tone deiner Violine zu stimmen.

Accordi.

Er muß! unsere Liebe wird mit Leichtigkeit die schweren Passagen überwinden.

Braun.

Du kennst diese Gattung Menschen nicht, haft dich stets in Residenzen herumgetrieben, und urtheilst, wie du diese pères nobles auf dem Theater gesehen, wo sie anfangs brummen; nachdem ihnen aber einige Intriken zwischen die Beine geworfen worden, die Hände der Liebenden zusammen legen. Hedwigs Vater aber wird dir in der Wirklichkeit ganz anders erscheinen.

Accordi.

Heute noch spreche ich mit ihm, werf' mich ihm zu Füßen, sag' ihm, wie sehr wir uns lieben, daß nichts im Stande sey, uns zu trennen. Ein Tyrann müßte er seyn, wenn ihn meine Thränen, meine Bitten nicht rührten.

Braun.

Rührung? (lacht) ha! ha! ha! Lachen wird er, und fragen, ob du nicht recht bei Sinnen seyest; hört er nun endlich, daß du ein Musikus bist, so geräth er außer sich.

Accordi.

Kalte Seele!

Braun.

Der Erfolg wird's lehren.

Accordi.

Komm jezt hinauf zur Maierei, die Liebe ruft! ich kann die Sehnsucht nicht mehr unterdrücken!

Braun.

Nur ein wenig Geduld, Herr Musikus! Dort kommt Hedwig's Vater von der kleinen Reise zurück, du bist jezt zu aufgeregt, und darfst ihn noch nicht sprechen. Komm! komm!

(Gehen ab.)

Zweiter Auftritt.

Pachter Futtermann (allein.)

Nun, da wären wir an Ort und Stelle, kann's kaum erwarten, bis ich meine Ochsen, Küh' und Kälber zu Gesicht bekomme; sechs Stunden im Umkreise habe ich alle bedeutende Ställe visitirt, die Felder und die Wirthschafts-Einrichtungen besichtigt: das muß ich aber, ohne mir ein Lob in's Gesicht zu werfen, selbst gestehen: Des Hanns Futtermann's Felder, Stall und Wirthschaft sind doch ein ander Ding! — Und die Manier, ja die — ist bei ihnen auch nicht so zu Hause. Als ich dem alten Wittel in Bergen sagte: seine Wirthschaft tauge den Teufel nicht! was sagte da der Grobian zu mir? Ich sey ein alter Esel, und sollte nur vor meiner Thüre fegen. Dem will ich aber die Preise bei dem morgenden Volksfest vor der Nase wegschnappen, daß es eine Art hat. Jezt will ich nachsehen, wie es im Hauswesen während meiner Abwesenheit zugegangen ist. (schreit) He! Holla! Jakob! Hanns!

Dritter Auftritt.
Voriger. Jakob. Hanns.

Hanns.
Ach! Grüß Gott! Herr Futtermann!

Jakob.
Schön Willkommen! Willkommen!

Futtermann.
Nu! Wie sieht's aus in meinem Haus, ihr Kerls? Habt ihr alles zu Rath gehalten, so lange ich fort war?

Hanns.
Ist alles gegangen, wie wenn Sie selbst da gewesen wären, Herr Futtermann. Der dicke Braune ist wieder gerad, und die Liesel giebt wieder Milch.

Jakob.
Die Kartoffeln haben wir alle ausgegraben.

Futtermann.
Und was macht meine Tochter? Die hätte ich beinahe vergessen, ist sie hier im Hause, oder drüben in der Maierei?

Hanns.
In der Maierei. Ja, die kommt mir nicht mehr so vor, wie sonst; was war die Jungfer Hedwig stets so lustig, und jezt hängt sie seit vier Tagen gewaltig den Kopf.

Futtermann.

Ist etwa eines ihrer Lieblingsschaafe drauf gegangen, oder sind ihr die Turteltauben davon geflogen?

Hanns.

Ich glaube, daß ihr die Turteltauben in's Herz geflogen sind.

Futtermann.

Hanns! raus mit der Farbe! Wie meinst und verstehst du das? Kerl! wenn du wieder nach deiner Gewohnheit lügst, so! —

Hanns.

Herr! wenn's nicht wahr ist, so soll der Wein, den ich diesen Mittag an ihrem Tische bekomme, Gift in mir werden.

Futtermann.

Es ist heute Mittag nicht vom Wein, sondern vom Most die Rede!

Hanns.

So!

Futtermann.

Nun so mach fort, ich will dir's ja glauben.

Hanns.

Zwei Tage, ehe Sie abreisten, kamen zwei junge Leute drüben in der Schenke an; wie mir des Wirths Hanne sagte, ist der Eine ein Kupferstecher und der Andere ein Musikus oder Musikant.

Futtermann.

Na, was gehen die uns an?

Hanns.

Recht viel, Herr Futtermann! denn wie mir's vorkommen thut, ich glaube, eure Tochter ist in den Musikus oder in den Musikanten verliebt.

Futtermann (lacht.)

Dummer Kerl! Was wird sich meine Tochter in
einen landfremden Musikanten, ich sage: Hanns Futter=
mann's Tochter, der reichste Pächter in der Umgegend, der
die schönsten Felder, Ochsen und Kühe besizt, in einen frem=
den Musikanten verlieben! Er lügt wieder.

Hanns.

Sehen Sie, Herr Futtermann, da soll mich gleich! —

Futtermann.

Nicht räsonnirt, weiter! — (hebt den Stock.)

Hanns.

Als Sie zwei Tage ungefähr fort waren, gieng ich des
Morgens in die Maierei, um die Milch in's Haus herun=
ter zu tragen. Da sah ich den Kupferstecher und den Musi=
kanten auf die Maierei zukommen; der Erste blieb in der
Entfernung stehen, der Zweite, nämlich der Musikus oder
der Musikant, näherte sich dem Fenster der Stube, die Eure
Hedwig eben bewohnt, und machte immer so: (wirft mit der
Hand dem Futtermann und Jakob Küsse zu.)

Futtermann.

Und was hat sie darauf gemacht?

Hanns (lacht.)

Ha ha ha! (er wirft wieder Küsse um sich) und hol' mich der
und der, sie hat auch so gemacht.

Futtermann.

Weißt du nichts weiter?

Hanns.

Sprechen habe ich sie nie zusammen gesehen, aber jeden
Abend, wenn Jungfer Hedwig von der Maierei herunter

kommt, und das Abendbrod genommen hatte, gieng sie hier in diese Stube, guckte aus dem Fenster und hustete. (Zeigt auf das Fenster).

Futtermann.

Na?

Hanns.

Und da fieng der Musikant oder Musikus, einmal ganz langsam, das anderemal blitzschnell da drüben in der Schenke auf seiner Geige zu spektakuliren an, daß einem Hören und Sehen vergieng, und wenn ein Stück aus war, gieng's wieder an, (wirft wie vorher Küsse um sich) und geseufzt haben sie dabei, daß ich es auf meiner Kammer hörte.

Futtermann.

Jezt hab' ich dein dummes Zeug satt! Wenn meine Tochter Freude an Musikanten hat, so laß ich ihr vom näch=sten Städtchen ein ganzes Dutzend kommen, und die sollen aufmachen mit Trompeten und Pauken, daß der Kirch=thurm wackelt. Jezt fort! Anstalten getroffen, damit wir Morgen mit Pferd und Ochsen bei Zeit zum Volksfest kommen.

(Geht ab.)

Vierter Auftritt.

Jakob. Hanns.

Jakob.

Höre Hanns! du bist ein böser Bursche, daß du dem Herrn Futtermann solche Flöh' in's Ohr seztest; ich könnte ja auch von der Sache sprechen, aber was geht's uns an?

Hanns.

Dich geht's nicht an, aber mich! Ich denke so: Ehe der Herr seine Tochter einem Musikus oder Musikanten giebt, so giebt er sie mir; mein Vater war auch Pächter; ist's denn meine Schuld, daß er mir keinen Heller hinterlassen hat? *(für sich)* Hanns! jezt paß auf, der Feind rückt an.

(Geht ab.)

Fünfter Auftritt.

Hedwig. Accordi. Braun. Voriger.

Accordi.

Sage mir, liebe Hedwig! du glaubst also, daß unserer Liebe von deinem Vater Hindernisse in den Weg gelegt werden könnten, und daß harte Prüfungen unserer warten?

Hedwig.

Ach, wohl glaub' ich das, doch wollte ich bisher die wenigen Tage unseres Glücks nicht mit trüben Bildern der Zukunft uns verkümmern.

Braun.

Nun Accordi! sprach ich nicht wahr? Du kennst das Leben nicht von seiner prosaischen Seite; ich denke aber, daß es viele Arbeit braucht, bis ihr zum Ziele kommt.

Accordi.

Der treuen Liebe Muth soll mich im Kampfe stärken.

Hedwig.

Ach, lebte meine liebe Mutter noch, dann wäre mir nicht bange; sie war eine so sanfte, liebe Frau; mein Vater ist zwar auch gut gegen mich, aber ich kenne seine Meinung von Heirathen, und von der läßt er nicht; er will gar nichts anders, als daß ein tüchtiger Landwirth mein Mann werden soll.

Accordi.

Was kann er aber gegen mich einzuwenden haben? Ich bin erster Kammermusikus des Fürsten; beziehe einen bedeutenden Gehalt, und ein Einkommen von unbekannter Hand, das mir, so lang' ich lebe, zugesichert ist.

Braun.

Wenn du ihm aber sagen mußt, daß dir deine Abkunft und deine Eltern nicht bekannt sind.

Hedwig.

O weh! das ist nach seinen Begriffen etwas Entsetzliches.

Accordi.

Unbedeutend sind sie gewiß nicht gewesen, davon zeugen die 1000 Gulden, die ich jeden Jahrs in Empfang zu nehmen habe.

Hedwig.

Kann dir aber derjenige, der diese Summe auszahlt, kein Licht verschaffen?

Accordi.

Alle Mühe war vergebens, um den Schleier meiner frühesten Jugend zu enthüllen; von einem alten, privatisirenden Kapellmeister in Wien wurde ich erzogen; er starb, als ich kaum zwölf Jahr alt war, hatte aber einem Freunde den Auftrag gegeben, mich nach seinem Tode in eine Anstalt nach Berlin zu bringen, wo alles für mich eingerichtet wurde. Als ich zwanzig Jahr alt war, erhielt ich einen Schein von der englischen Bank, worin mir nebst einem Schreiben eröffnet wurde, daß ich von nun an die Interessen aus einem unantastbaren Kapital mit 1000 Gulden zeitlebens erhalten werde, welche Summe im Fall meiner Verheirathung eben so auf meine Familie übergehen soll. Ich reiste selbst nach London, konnte mir aber kein Licht verschaffen.

Hedwig.

Lieber Accordi! ach wenn du doch lieber die Landwirth=
schaft studirt hättest!

Braun.

Du kannst es ja noch!

Accordi.

Gott soll mich bewahren! Rondo's, Variationen und
Capricen will ich deinem Vater in seinen Ställen spielen,
so lange er will, und als ein zweiter Orpheus seine wilden
Stiere bezähmen; nota bene, wenn sie sich in unserer pro=
saischen Zeit noch rühren lassen.

Hedwig.

Eine Hoffnung habe ich noch, die uns vielleicht retten
könnte. Die Baronin Solms, eine Wittwe, die hier lebt, hat
eine bedeutende Gewalt über meinen Vater, der wollen wir
uns entdecken, sie ist meine Erzieherin — was wäre ich
ohne sie? Ein unwissendes, gewöhnliches Bauernmädchen.

Accordi.

Führe mich zu ihr, liebe Hedwig! ich muß sie kennen
lernen.

Hedwig.

Ach! da kommt sie ja selbst.

Sechster Auftritt.

Vorige. Baronin Solms.

Solms.

Guten Morgen, liebes Kind! (zu Hedwig; als sie Braun und
Accordi erblickt, verneigt sie sich) Ei, stelle mir doch diese Herren
vor! Wie es scheint, bist du bekannt mit ihnen.

Hedwig (verschämt.)

Die Herren sind aus der Residenz.

Solms.

Was ist dir denn, liebes Kind?

Accordi.

Erlauben Sie, gnädige Frau!

Solms.

Wer sagt Ihnen denn, wer ich bin?

Hedwig.

Ich.

Solms.

So eben erst? Und warum?

Accordi.

Ich heiße Accordi, und bin fürstlicher Kammermusikus. Dieser ist mein Freund Braun, ein berühmter Kupfer= stecher.

Hedwig (seufzt.)

Ja, Accordi heißt er.

Accordi.

Erlauben Sie, mich ohne Weiters frei und offen zu er= klären. Gnädige Frau! auf Sie setze ich meine Hoffnung, wenn Sie meine Zudringlichkeit durch ihren menschenfreund= lichen gütigen Sinn entschuldigen wollen, denn Sie allein sind im Stande, mich zu beglücken.

Solms.

Ich? höchst sonderbar! wollen Sie am Ende in unserer Einöde ein Conzert geben?

Accordi.

Wenigstens wünschte ich eine Trauungs=Cantate von meiner Composition in hiesiger Kirche executiren zu lassen.

Solms.

Da werden Sie bei unſerem Orcheſter, das aus dem Schulmeiſter und zwei Proviſoren beſteht, ſehr meiſterhaft unterſtüzt werden.

Accordi.

Das macht nichts, gnädige Baronin! Kratzen mögen ſie, wie ſie wollen, wenn die Cantate nur zu meiner Trauung mit Hedwig aufgeführt wird.

Solms.

Ihr loſes Volk! Jezt fange ich an zu begreifen — Hedwig! Hedwig! Ei! Ei!

Hedwig.

Liebe, gnädige Frau!

Accordi.

Verleihen' Sie uns Ihren Beiſtand!

Solms.

Aber ſag mir, Mädchen, wie gieng es denn zu, daß du ſo ſchnell dein Herzchen verloreſt.

Hedwig (ſeufzt.)

Ach, das werden Sie wohl wiſſen, und auch erfahren haben!

Solms (lacht.)

Wie lange dauert denn eure Bekanntſchaft ſchon? wenn ich denn doch ein Näheres wiſſen ſoll?

Accordi.

Acht Tage!

Hedwig.

Ja! acht Tage.

Solms.

Der Tauſend! das iſt ja ein unendlicher Zeitraum, um die Treue erproben zu können.

Accordi.

Vertrauen Sie mir, gnädige Frau!

Solms.

Mein lieber Herr Accordi! ich kenne die Künstler, und besonders auch die Musici. Feuer und Flamme spricht im Momente der Begeisterung aus euch, aber eben so schnell erloschen sie wieder, und trotz eurer taktmäßigen Ausübung im Spiele verirrt ihr euch manchmal dergestalt, daß es eurem häuslichen Kapellmeister, ich meine die Frau, öfters sehr sauer wird, euch wieder in den Takt zu bringen.

Braun
(heimlich zu Accordi.)

Herr Bruder, die Baronin hat dich weg!

Accordi.

Gnädige Frau, ich darf betheuern, unter diese Klasse verdiene ich nicht gezählt zu werden.

Hedwig (schnell.)

Gewiß nicht!

Solms (zu Hedwig.)

Weiß dein Vater schon von eurer Bekanntschaft?

Hedwig.

Ach Gott! kein Wort!

Solms.

Nu, da wird es herrliche Auftritte geben!...

Hanns
(wird im Hintergrunde sichtbar, und sagt vor sich.)

So so! da giebt's was zum Rapportiren, schnell zu Herrn Futtermann.

Hedwig
(welche Hanns im Abgehen bemerkt.)

Gnädige Frau! Hanns schien uns zu bemerken, und

Das Volksfest.

das ist ein böser Bursche, der wird meinem Vater bei seiner heutigen Zurückkunft alles wieder sagen.

Solms.

Nun Kinder, so kommt zu mir! Ich will sehen, was für euch zu thun ist. Jedoch, Herr Musikus, Sie will ich doch noch ein wenig näher beobachten, Sie scheinen mir! — —

Accordi.

Gnädige Frau! die Zeit wird mich gewiß in Ihren Augen rechtfertigen.

Hedwig.

Ja gewiß!

Solms.

Ich sehe schon, mit euch ist nichts anzufangen, kommt nur, kommt! —

Siebenter Auftritt.

Die Vorigen.

Futtermann, Hanns

(treten ein, während Solms, Hedwig und Accordi noch im Hintergrunde sind.)

Hanns.

Nun, Herr Futtermann! habe ich recht oder nicht?

Hedwig
(eilt dem Vater zu und umarmt ihn.)

Lieber, guter Vater!

Futtermann (etwas kalt.)

Grüß dich Gott! (für sich) Ich kann's nicht glauben, daß sie sich in einen der zwei Windflügel vergafft haben sollte.

Solms (für sich.)

Er muß schon etwas in Erfahrung gebracht haben. (Zu Futtermann) Guten Tag, Herr Futtermann!

Futtermann.

Schönen Dank, gnädige Frau Baronin, nehmen Sie es nicht übel, daß ich Sie so spät erst bekomplimentire.

(sieht Accordi und Braun starr an.)

Das morgende Volksfest — mein Kastanienbrauner — ob er wohl den ersten Preis im Wettrennen erhält — die Liesel, meine Schaafe — gehen mir im Kopfe herum.

Solms (lächelnd.)

O, ich ziehe mich bescheiden in den Hintergrund; — die gehen natürlich vor.

Futtermann (für sich.)

Da habe ich einen schönen Bock geschossen.

Accordi (für sich.)

Ich stehe auf Nadeln.

Hedwig.

Wie wird das enden?

Solms.

Herr Futtermann, noch ein Wort! Hier habe ich das Vergnügen, Ihnen Herrn Accordi, erster Kammermusikus des Fürsten, vorzustellen.

Futtermann.

Danke gehorsamst. (für sich) Ist was rechts.

Accordi.

Ich preise mich glücklich, den Vater einer so liebenswürdigen Tochter kennen zu lernen.

Futtermann (laut.)

Gehorsamer Diener! (für sich.) Wenn die Sache ist, wie Hanns behauptet, so soll er bald nicht mehr preisen, daß er mich kennen gelernt hat. (laut.) Es ist Schade, daß unsere Kirchweih erst in einem halben Jahr ist.

Accordi.

Sie haben Recht! Es thut auch mir unendlich leid, daß dieses ländliche Fest nicht gerade jezt begangen wird; ich liebe diese idyllischen Vergnügungen. Voß, Goethe und Geßner schildern zwar das Landleben entzückend; ich habe sie oft gelesen; aber was sind diese Phantasiegebilde gegen die schöne Wirklichkeit?

Solms (zu Accordi.)

Mein lieber Herr Kammermusikus, wenn ich Ihnen rathen soll, sprechen Sie nicht in diesem Tone fort.

Futtermann.

Es ist von mir blos gemeint: Sie hätten sich durch Ihre Geige ein schönes Stück Geld verdienen können, unsere jungen Bursche zahlen gut.

Accordi (für sich.)

Kaum halt ich mich, wenn es nicht ihr Vater wäre, so! — (laut.) Ich spiele nicht auf Kirchweihen, und auch nicht zum Tanz.

Braun (für sich.)

Da haben wir's! die liebe Eitelkeit.

Futtermann.

Alle, selbst die vornehmsten Musikanten, spielen zum Tanz, ich habe es ja in der Residenz gesehen, daß die Musikanten im Pumpernikel sogar den Komödianten zum Tanz aufgemacht haben.

Accordi (für sich.)

Ihr Musen! gebt mir Geduld!

Hedwig.

Halte dich!

Solms. (zu Accordi.)

So werden Sie es nicht weit in seiner Gunst bringen. (laut.) Dieser heißt Braun, und ist ein berühmter Kupferstecher.

Futtermann.

Das gefällt mir schon besser, jedes Handwerk hat einen goldenen Boden; Sie können etwas bei mir verdienen, wenn Sie mir in mein kupfernes Geschirr den Namen stechen.

Braun.

Schönes Anerbieten.

Futtermann (für sich.)

Hab' bis jezt noch nichts gemerkt. Wenn nur die Baronin nicht da wäre, ich wollte anders getrumpft haben. (laut.) Habe allerseits die Ehre — muß noch in der Wirthschaft nachsehen. (Geht ab.)

Hanns (laut im Abgehen.)

Er kann ihn nicht leiden, er kann ihn nicht leiden — brav, Hanns!

Achter Auftritt.

Die Vorigen.

Solms.

Aber sagen Sie mir, Accordi, wie kommen Sie dazu, mit einem schlichten Landmann in einem so erhabenen Styl zu sprechen?

Braun.

Sagte ich's nicht?

Hedwig.

Ich weiß gar nicht, wie mir mein Vater vorkam, er beobachtete uns so mißtrauisch, daß es mir schien, unser Verhältniß sey ihm entdeckt worden.

Braun.

Mir wurde doch eine Begünstigung zu Theil! — Mein Stichel darf sich an Schüsseln verewigen. Herr Bruder, ich stehe besser in der Gnade.

Accordi.

Von wegen des Handwerks. —

Hedwig.

Lieber Accordi! werde nicht bitter, denke nicht, daß deine Kunst entweiht sey!

Solms.

Junger, sprudelnder Mensch! — Zu Hause werde ich Ihnen den Text erst noch tüchtig lesen, und jetzt zur Tagesordnung. Beantwortet mir die Fragen: Ist Euer Entschluß und Eure Liebe felsenfest und nicht auf ein Sandhäuflein gebaut, so reicht mir die Hände.

Hedwig und Accordi
(reichen ihr die Hände.)

Solms (mit Pathos.)

Nun, so gelobe ich Euch, behülflich zu seyn, die alte Kraft erwacht wieder in mir, laßt sehen, ob ich im Stande bin, den verhüllten Horizont aufzuklären.

Hedwig.

Meine Wohlthäterin!

Accordi.

Ein guter Engel hat sie uns gesendet.

Solms.

Hedwig! du gehst jezt nach Hause, giebst deinem Vater ganz gelassene Antworten auf seine Fragen; doch ich will nichts weiter sagen, du bist ja in meiner Schule gewesen; Sie, meine Herren, folgen mir, um den Plan zu dem nahen Feldzug zu machen: ich denke, meine Terrainkenntniß soll Ihnen gut zu statten kommen, — übrigens (zu Accordi) sprechen wir noch, wie ich vorhin gesagt, über manches. Gute Nacht, Hedwig!

Accordi.

Gute Nacht — Geliebte!

Hedwig.

Lieber Accordi!

Braun.

Gute Nacht!

(Gehen ab.)

Neunter Auftritt.

Hedwig (allein.)

Gute Nacht! sagen sie. — Accordi! wenn du wüßtest, wie mir vor dem Tage bange ist; — mit meinem Vater wird es bei seinen Ansichten einen harten Kampf geben — doch, das Ansehen der Baronin und unsere Treue werden nicht unterliegen. (Geht in ihr Haus ab.)

Zehnter Auftritt.

Hanns
(aus dem Hause.)

Der Herr Futtermann will die Sache noch nicht begreifen, er soll's aber diesen Abend noch.

(Es wird Dämmerung.)

Hundert Gulden wette ich, daß der Musikus oder Musikant nicht ruhen kann, ehe er der Jungfer Hedwig noch etwas gemusizirt hat, und die kommt vielleicht herunter — na, da will ich Spektakel machen.

Futtermann (am Fenster.)

Hanns! daß morgen um vier Uhr sein alles in Ordnung ist.

Hanns.

Herr! es soll nicht fehlen.

Futtermann.

Warum gehst du aber nicht in deine Kammer?

Hanns.

Herr! ich habe keine Ruhe, der Musikus oder Musikant kommt heute Abend gewiß noch, und da will ich es Ihnen stecken.

Futtermann.

Ja! wenn ich nur wüßte, was an der Sache wäre, da wollt' ich schon Spektakel machen.

Hanns.

Herr! sie kommen, sie kommen!

(Auf die Seite.)

Eilfter Auftritt.

Orgelpest. Schmunzler.

Orgelpest
(mit zwei Geigen.)

Schmunzler! ist seine Violine gestimmt und in Ord=
nung?

Schmunzler.

Ja,

Orgelpest.

Der fremde Herr Musikus kennt uns zwar nicht; —
eine Ehre ist der andern werth, umsonst zeigt er sich seit
acht Tagen den ganzen Abend nicht; er weiß, daß ich großer
Kenner und Verehrer der Tonkunst bin, und will auf diese
Art meine Bekanntschaft machen.

Schmunzler.

Ja, er wird sich wundern, wenn er uns hört.

Orgelpest.

Wir wollen ihm beweisen, daß es auf dem Lande auch
Künstler giebt; spiel er nur fein rein; horch! es kommt Je=
mand, wir wollen uns einstweilen zurückziehen.

Hanns
(leise von der Seite.)

Sie sind's, sie sind's! sie haben von Geigen gesprochen,
jezt frisch zu Herrn Futtermann — und will ihm sagen,
was vorgefallen ist, dann hinunter auf die Straße, viel=
leicht kommt Jungfer Hedwig auch herunter. Juchhe!
dann soll's Spektakel geben.

(Geht in's Haus.)

Zwölfter Auftritt.

Accordi, Braun, Hedwig (etwas später.)

Hedwig (am Fenster.)

Sie bleiben lange, was mögen sie wohl beschlossen haben? Mein Vater weiß von dem Verhältniß. — Morgen muß ich also mit zum Volksfeste. — Die Baronin fährt auch dahin; nur mein Accordi darf nicht fehlen, ich muß es ihm aber heute noch berichten. Horch! horch!

(Verschwindet am Fenster.)

Dreizehnter Auftritt.

Orgelpeſt. Schmunzler (von der Seite kommend.)

Orgelpeſt.

Schmunzler! jezt wollen wir anfangen, arbeit' er nur brav — ich ſag's ihm, daß wir auch Ehre haben.

Schmunzler.

Laſſen Sie mich nur machen, Herr Orgelpeſt. O weh, wir werden ſchon wieder geſtört.

(Ziehen ſich wieder zurück.)

Vierzehnter Auftritt.

Braun und Accordi. Vorige.

Im Hintergrunde Hedwig am Fenster erscheinend.)

Accordi
(nähert sich dem Fenster und ruft.)

Hedwig! Hedwig!

Hedwig.

Ich komme herunter.

Accordi (zu Braun.)

Die Baronin ist ein herrliches Weib.

Braun.

Ohne sie wärest du übel daran.

Hedwig
(tritt zur Thür heraus, Umarmung.)

Hanns
(erscheint an Futtermanns Fenster, als er sie erblickt, sieht er schnell hinein.)

Accordi.

Liebe Hedwig, die Baronin will alles für uns thun, nachdem ich ein starkes Examen durchmachen mußte.

Hedwig.

In welchem du doch bestandest?

Accordi.

Ganz gewiß. Ich hoffe, sagte sie, daß morgen unsere Operationen beginnen werden.

Hedwig.

Morgen mit Tagesanbruch muß ich aber mit meinem Vater nach Büthenau zum Volksfest.

Accordi.

Das ahnete ihr, sie hat uns ihren Wagen angeboten, wir fahren mit ihr.

Hedwig.

Auf welche Art will sie es angreifen?

Accordi.

Sie ist mit ihrem Plane selbst noch nicht im Reinen.

Hedwig.

Die Hausthüre geht auf! Gott! wenn es mein Vater wäre.

Braun.

Fort in den Hintergrund.

Fünfzehnter Auftritt.

Futtermann. Hanns. Vorige.
(aus dem Hause.)

Hanns.

Nur recht leise, Herr Futtermann.

Futtermann.

Hat er auch recht gesehen? —

Hanns.

Wir fangen die Vögel.

Orgelpest und Schmunzler

(treten in den Vordergrund, Futtermann und Hanns ziehen sich zurück auf die rechte, Accordi und Hedwig stehen auf der linken Seite, ohne sie zu bemerken.)

Orgelpest.

Na, jezt wird's ruhig. Schmunzler angefangen.

Schmunzler.

Angefangen!
(spielen kratzend ein veraltetes Duett.)

Accordi.

Was soll das bedeuten?

Hanns.

Nicht wahr, Herr Futtermann, das heißt erwischt?

Futtermann.

Hanns! angepackt!

Hanns

(geht vor, ergreift den Orgelpest und Schmunzler, und schreit furchtbar.)

Herr Futtermann, ich hab' sie!

Orgelpest und Schmunzler.

(zugleich.)

Hülfe, Hülfe!

Futtermann (schreit.)

Johann! Jakob! he! Laternen raus.

(Hedwig sucht die Hausthür, wie sie solche öffnen will, treten zwei Knechte mit Laternen heraus; in diesem Augenblicke läuft Accordi und Braun in die Hände des Futtermanns, der sie an den Röcken festhält.)

(Allgemeines Erstaunen.)

Futtermann

(läßt Braun und Accordi los, geht auf Hedwig zu und faßt sie am Arme.)

Donner und Hagel! hab' ich dich endlich erwischt, leicht-sinnige Dirne! Also ist es richtig mit dir? Herr, mach er sich aus dem Staube! glaubt er Windbeutel von Musikant, ich werde ihm meine Tochter geben?

Hanns.

Alle Teufel! das ist ja der Schulmeister und sein Schmunzler.

Futtermann.

Was spektakulirt er denn noch so spät auf der Straße herum?

Orgelpest.

Dem Herrn wollte ich mit meinen Schmünzler eine Nachtmusik machen.

Futtermann.

Mach er, daß er zu Hause kommt, alter Schulfuchs. —
Ich berste fast vor Aerger — (zu Accordi) mach er sich aus
dem Staube, Herr!

Hedwig.

Lieber Vater! ich kann ohne diesen Mann nicht leben.

Accordi.

„Lassen Sie sich bewegen!

Futtermann.

Donner und Hagel! Auseinander! Daraus wird nichts.
Hanns Futtermanns Tochter eines Musikanten Frau? (zu
Hedwig.)   Steht dir deine Nase nicht höher, dumme Gäns?

Hedwig.

Vater! nie — nie lasse ich von diesem Manne.

Futtermann.

Alles dieses Zeug hat dir die Frau Baronin in den
Kopf gesetzt, ich wollte, die wäre mit all ihren Büchern in
der Residenz geblieben.

Accordi.

Herr Futtermann, ich bin ein Mann von Ehre, besitze
Vermögen, und kann Ihre Tochter reichlich ernähren.

Futtermann.

Daraus wird nichts — jetzt ins Haus, ich will dich
künftig schon bewachen lassen.

Sechszehnter Auftritt.
Vorige.
Solms
(kommt aus ihrem Hause mit zwei Bedienten, welche Laternen tragen.)

Solms (für sich.)

Das habe ich mir gedacht. (laut zu Futtermann.) Um Gotteswillen, was bedeutet denn dies Geschrei in tiefer Nacht?

Hedwig (zu der Baronin.)

Suchen Sie ihn zu besänftigen.

Futtermann.

Meine ungerathene Tochter hat sich in den Herrn Musikus verplämpert — bei Nacht habe ich sie ertappt.

Solms.

So, so! das scheint den Beweis zu liefern, daß sie sich lieben, das freut mich!

Futtermann.

So, gnädige Frau! Sie freut's, mich aber ganz und gar nicht.

Solms.

Was können aber die jungen Leute dafür, daß ihre Neigung nicht Ihren Beifall hat? — Nichts. Herr Accordi kann eine Frau ernähren, seine Wahl ist auf Hedwig gefallen, sie lieben sich, und da bleibt nun dem Herrn Futtermann nichts übrig, als ihnen die Hände zusammen zu legen und den Segen zu sprechen.

Orgelpest und Schmunzler.

Wir bitten! —

Futtermann.

Was geht's denn euch an?

Orgelpest.

Recht viel! Herr Accordi ist Musikus und ich auch — und die Musici halten stets zusammen.

Accordi.

Sehr schmeichelhaft.

Futtermann.

Geh' er nach Hause, daß er morgen bei Zeit in der Schule erscheinen kann. Kurz, gnädige Frau! aus der Heirath wird nichts.

Accordi.

All Ihr Widerstreben ist vergeblich; wissen Sie, daß keine Macht der Erde im Stande ist, uns zu trennen?

Solms.

Da hören Sie es ja, also frisch, Herr Futtermann — Ihre Einwilligung (zu ihm tretend) unter uns gesagt, da richten Sie nichts aus.

Futtermann.

Das will ich sehen, ob ich nichts ausrichte; ich sage einmal nein, nein! nein! und dabei bleibt's.

Solms.

Und ich sage: Ja, ja! ja! und dabei bleibt's. (Es fängt an an zu blitzen, und der Donner läßt sich hören.)

Orgelpest.

Das bedeutet etwas in dieser Jahrszeit.

Solms (lächelnd.)

Sie hören! sogar die Natur will Ihr Herz zur Nachgiebigkeit hinleiten.

Hedwig.

Lieber, guter Vater!

Accordi.

Machen Sie uns glücklich!

Futtermann.

Nein, nein! so wahr ich Hanns Futtermann heiße, und der reichste Pachter in der Umgegend bin, daraus wird nichts; wegen euch blitzt's, wegen euch donnert's.

Solms.

Der Liebe zürnt der Himmel nicht.

Futtermann (zu Hedwig.)

Sieh, Hedwig, ich bitte dich, laß von ihm! — in der Schrift steht: „Du sollst deinen Vater ehren."

Hedwig.

Ich kann nicht.

Orgelpest.

Dann steht aber auch in der Schrift: „Du sollst Vater und Mutter verlassen, und deinem Manne folgen."

Futtermann.

Laß Er mich in Ruh!

Solms.

Sie müssen einwilligen.

Futtermann.

Ehe ich sie einem Notenkerl gebe, — enterbe ich sie, und vermache mein ganzes Vermögen der Armuth.

Accordi.

Ja, liebster Futtermann! thun Sie das, nicht wegen des elenden Metalls liebe ich Ihre Tochter.

Solms.

Sie haben keinen Ausweg mehr.

Alle
(außer Hanns und Knechte.)

Wir bitten. —

Das Volksfest.

Futtermann.

Jezt hab' ich's genug und satt, und sag's zum lezten=
mal: Daraus wird nichts; so lange ich lebe, bekommst du
ihn nicht; heirathen sollst du mir, je eher, je lieber; ich
habe einen Gedanken, und dabei bleibt's. Hanns! siehe,
ich schenke dir meinen Kastanienbraunen; bekommst du mor=
gen beim Wettrennen den ersten Preis mit ihm, so gebe ich
dir meine Tochter zur Frau. Kerl, paß auf, dann hat die
ganze Geschichte ein Ende.

Hanns.

Dann hat sie ein Ende.

(Der Vorhang fällt.)

Zweiter Aufzug.

(Das Theater stellt den Vorsaal des Gasthofs in Blüthenau vor, auf jeder Seite zwei Thüren. In der Mitte steht eine gedeckte Tafel, woran Lustig sitzt und frühstückt.)

Erster Auftritt.

Lustig.

Na, Lustig, auf gut Glück! (schenkt zwei Gläser ein, nimmt in jede Hand eins und stößt damit an) eins gilt für mich, und das andere demjenigen, den ich heute in die Kur bekomme. Das Volksfest führt gewiß Patienten hieher: so lange noch Mädchen und Liebhaber seufzen, Väter brummen, Vormünder Mündel chikaniren, und bejahrte Damen sich beim Abendroth ihres Lebens noch die schöne Blüthenzeit der Jugend hervorzaubern lassen wollen, und durch Gold die jugendliche Phantasie flüssig machen, hat's mit Lustig keine Noth. Ich habe noch ein unermeßliches Depot von Seufzern auf dem Lager, die ich zu guten Preisen abzusetzen denke. Wenn nur der Wirth auch ein Kerl wäre, der das Talent zu würdigen wüßte — sein Blick ruht aber nur auf meinen leeren Taschen. — Ebbe und Fluth ist mein Motto, nie hätte ich es so weit gebracht, wenn nicht Metallmangel mich zu diesem Grade der Vollendung patentisirt hätte. (steht auf.) Ich frage kühn die Welt: Ist mir einer an die Seite zu setzen? — Vier Jahre in Wien gelebt, und das recht flott! bei meinem Einzug hatte ich (greift in die Westentasche) auf Ehre nicht einen Heller, wie jezt. Mein Genie bewährte sich sogleich brillant, indem ich dem Thorsteher durch eine philosophische Vorlesung begreiflich machte, daß diese Auflage für die nicht Geld habende Menschheit unerträglich seye, was er faßte und mich aus guten, wohlbekannten Gründen ziehen ließ.

Zweiter Auftritt.

Hanns (im Wettrennenanzug.) Lustig.

Hanns
(ohne Lustig zu bemerken.)

Na, da wär ich! Courage, Hanns; die Hedwig ist dein, der Kastanienbraune läßt mich nicht stecken, ich habe dem Kerl geschmeichelt, den ich heimlich öfters peitschte, er thut gewiß seine Schuldigkeit, er weiß es, ich hab's ihm gesagt, was von seinem Laufen abhängt.

Lustig.

Der überlegt, frisch an ihn. Mein Herr! es ist mir angenehm, daß ich der Erste bin, der das Glück hat, Sie zu bewillkommen.

Hanns.

Gehorsamer Diener! ha ha, das ist der Wirth, bring Er mir ein Glas Wein.

Lustig.

Sogleich. (nimmt die auf dem Tische stehende Klingel und klingelt.) (Zwei Kellner treten herein.) He, Bursche! eine Flasche Wein für diesen Herrn. —
(Gehen beide wieder ab.)

Hanns.

Die haben aber Respekt.

Lustig.

Der Zweck Ihres Hierseyns ist wahrscheinlich das Volksfest?

Hanns.

Ja, woher weiß Er denn das?

Lustig.

Ich vermuthe oder weiß. —

Hanns.

Ja, wenn Er das weiß, so weiß Er am Ende auch, daß, wenn ich mit dem Kastanienbraunen den ersten Preis im Wettrennen bekomme, mein Glück gemacht ist; — Jungfer Hedwig meine Frau wird, und der Musikus oder Musikant abziehen muß.

Lustig (für sich.)

Nicht übel. (laut) Nun, und deßhalb sind wir also hier?

Hanns.

Das hat Ihm niemand anders, als der Schulmeister gesagt.

Lustig.

Ja — ich darf's nicht sagen — aber
(Die Kellner bringen Wein.)

Hanns.

Er scheint mir ein gescheuter Kerl zu seyn, wenn Er gleich wie ein modischer Windbeutel aussieht. Na komm Er her, trink Er ein Glas Wein mit mir.

Lustig.

Nun denn, auf gut Glück! —

Hanns.

Der Kastanienbraune soll leben.

Lustig.

Ja, der soll leben, und durch seine Geschwindigkeit ihm die Hedwig geben.

Hanns,

Vom Schulmeister weiß Er es, iezt hab' ich's raus, von wem hätt' Er sonst s'Versmachen gelernt; ja, Er scheint mir ein loser Vogel zu seyn. Na ich geh iezt in den Stall, und will nachsehen. Leb' Er wohl indessen, meine Sach' werd' ich schon bezahlen.

(ab.)

Dritter Auftritt:

Lustig.

Nummer 1. Der Tagesordnung nach ein dummer Bauernbursche, dessen Glück von dem schnellen Laufen seines Kastanienbraunen abhängt; passable ist der Gedanke, wenn ich nur iezt die Gegenparthie finden könnte, da gäbe es schon Arbeit! doch — sein Antagonist, sagt er, ist ein Musikus, und bei diesen Herren sieht's gewöhnlich hinsichtlich des Beutels sehr mager aus; sehr selten lassen sich daraus Silbertöne vernehmen.

Vierter Auftritt.

Luſtig. Solms. Braun. Accordi.

Solms.

Nun da wären wir!

Luſtig (verbeugt ſich.)

Potz Donnerſtag und Freitag, Accordi! Ha! alte Seele, kennſt du mich noch?

Accordi.

Luſtig! biſt du es? Gnädige Frau, Luſtig, ein alter Inſtitutsfreund. (ſtellt ihn vor.) Baronin von Solms, meine Gönnerin und Beſchützerin. (verbeugen ſich gegenſeitig.) Sag mir, was iſt aus dir geworden?

Luſtig.

Um meinem Namen zu entſprechen: Ich bin gar nichts; ich bekenne mich zu keinem Stande.

Solms.

Alſo Partikulier in ſchöner, unumſchränkter Freiheit.

Luſtig.

Erlauben Sie, gnädige Frau, dieſes beneidenswerthe Prädikat darf ich nicht uſurpiren; ſogenannte Partikuliers haben Geld, aber ich — ich muß es redlich geſtehen, weiß oft am Morgen noch nicht, wie ich den Tag über meinen Tribut der geldgierigen Menſchheit abſtatten kann.

Accordi.

Auf welche Art ſuchſt du dich denn zu ſouteniren?

Solms.

Erzählen Sie, da müſſen dem Freunde meines Schütz-lings ſich ja wohl ganz originelle Situationen ergeben.

Lustig.

Das ist wahr gesprochen, gnädige Frau! in der That oft ganz originelle. — So hören Sie denn, wenn ich Sie nicht ermüde. Ich bin der Sohn eines Spielers von Profession, der mich in Berlin erziehen ließ.

Accordi.

Und — wo ich das Glück hatte, dich damals losen Burschen kennen zu lernen.

Lustig.

Gehorsamer Diener! mein Vater, der lange Zeit mit Glück spielte, wurde jedoch endlich von dieser unsteten Göttin verlassen, und starb darauf in der bittersten Armuth. Nach diesem Unglücksfall sahen mich zwei liefländische Edelleute eines Tages traurig im Thiergarten einherwandeln, sie fragten, durch mein trübes Aussehen aufmerksam gemacht, nach meinen Verhältnissen, die ich ihnen denn auch haarklein erzählte. „Herr Bruder! den hat uns die Vorsehung nicht umsonst so entgegengeführt," sagte der eine, „es ist der Sohn des berühmten Pharaoritters, dem wir in Pyrmont sein Geld, kurz alles abgenommen haben, jetzt ist es Zeit, zu vergelten.

Solms.

Leichtsinn und Gutmüthigkeit finden sich gewöhnlich in Eintracht beisammen.

Lustig.

Ja, recht seelengute Glücksritter waren es. Sie nahmen mich mit, wir durchzogen Deutschland, Frankreich und Italien, und dieser erste Feldzug hat mich dann brillant gebildet.

Accordi.

In wie fern? Laß doch hören.

Lustig.

Nun sehen Sie, meine Gnädige! sieh, Herr Bruder! diese meine Wohlthäter waren die abgefeimtesten nordischen Don Juans, die man sich denken kann, ein Liebesaben=theuer verdrängte das andere, ja in Venedig brachte es Baron Robert gar so weit, daß er in einer Straße sieben=zehn Liebschaften hatte.

Solms.

Nein, das ist doch zu arg.

Lustig.

Den ganzen Tag lag ich auf Kundschaft, um Briefe zu bestellen, und Rendezvous anzuordnen, sogar lithogra=phirte Liebesbriefe für alle Charaktere und Stände waren stets auf dem Lager, und bedurften nur der Addressen, ob=gleich für dieses unaufhörlich fortlaufende Geschäft ein Se=kretär erforderlich gewesen wäre.

Solms.

Ich muß gestehen, bei allem Weltsinn und allen Thor=heiten der Welt, so etwas ist mir noch nicht vorge=kommen.

Lustig.

Duelle wechselten mit Verkleidungen, Schulden thürm=ten sich so furchtbar über uns, daß wir, als Bauern ver=kleidet, den Rückzug aus dem schönen Lande, wo die Oran=gen blüh'n, nehmen mußten, (perorirend.)

„Kennst du des Thurmes düstres, finstres Loch,
„Wo man den Schuldner beugt und kriegt in's Joch?"

Solms.

Und somit wären wir wohl am Ende?

Lustig.

Gott bewahre! jezt gieng es erst in Deutschland an;

mit unserer südlichen Gluth im Busen setzten wir hier man=
ches weibliche Herz in Flammen.

Solms.

Und nun ist die Gluth erloschen? Oder hat man noch
zu fürchten?

Lustig.

Ganz erloschen ist sie nicht; nur glückt mir das Ent=
zünden nicht mehr so. Von nun an dachte ich meinem
Vaterlande meine Talente darzubringen, nur ihm zu
opfern, und legte auch manchen Kranz auf seinen Altar
nieder.

Accordi.

Auf welche Art? — da bin ich begierig.

Lustig.

Zu helfen, wo die Menschheit der Schuh drückt; ich
habe nun seit dieser Zeit zu allem Denkbaren geholfen —
nur nicht zum Stehlen. Der kolossale Charakter des Carl
Moor fieng auch einigemal an, mich verleiten zu wollen,
doch mich drückte ja kein Galgenvogel, wie Franz Moor,
und die Welt hat mir, wie ich ihr, stets nichts als Gutes
gethan.

Solms.

Drolliger Mensch. — Nun, da könnten wir Sie viel=
leicht hier brauchen.

Lustig.

Stehe zu billigen Preisen zu Dienst. Soll ein Mäd=
chen etwa entführt werden — darin habe ich große Force,
und wenn der Vater oder Vormund mit dem Flammen=
schwerdte vor der Thüre säße, so muß sie heraus, und ich
liefere sie an den bestimmten Platz.

Accordi.

Du kannst mir helfen; meine Geliebte soll durch den ersten Preis im Wettrennen die Frau eines Bauernbengels werden.

Lustig.

Aha! durch einen Kastanienbraunen.

Solms.

Unbegreiflich? — woher wissen Sie das?

Lustig.

Bemeldter Baurenbengel ist bereits nebst Kastanien=braunen in diesem Gasthause angekommen; hält mich für den Wirth, und ich bin sogar zum einzigen Vertrauten avancirt und ernannt.

Solms.

Da Sie das Schicksal nun einmal so sonderbar in unsere Angelegenheiten verwebt hat, so will ich Sie denn bei meinen Generalstabe auf= und angenommen haben; wissen Sie, ich hatte bis jetzt das Portefeuille übernommen, machen Sie jetzt einen Plan, legen Sie mir ihn vor; finde ich ihn würdig, dann ernenne ich Sie zum ersten Expeditor.

Lustig.

Gnädige Frau! ich werde diesem Vertrauen zu entsprechen wissen. Ich habe bis jetzt nur in fremden Diensten mich versucht, jetzt geschieht's für einen Freund. (Schlägt Accordi auf die Schulter.) Schon winket uns der Sieg, es fliehet bitterer Schmerz.

(Gehen in ein Zimmer ab.)

Fünfter Auftritt.

Futtermann. Hedwig. Später Solms, Accordi und Lustig.

Futtermann.

Den ganzen Weg über hast du geweint, laß das jetzt, und schlag dir den Musikus aus dem Kopf, denn mit dem wird es nichts. Hanns ist ein braver Kerl, und bist du ihn erst sechs Jahre gewöhnt, dann wird die Sache schon gehen.

Hedwig.

Ich kann und mag ihn nicht leiden, er ist mir in der Seele zuwider, ehe ich ihn heirathe, springe ich in's Wasser.

Futtermann.

Oho! wegen des Heirathens ist noch keine in's Wasser gesprungen.

(Solms, Accordi und Lustig an der Thüre.)

Solms
(halblaut zu Accordi.)
Hier betrachten Sie Ihren Mann.

Accordi
(will zur Thüre heraus.)
Kaum halt ich mich!

Solms.
Ruhig, junger Herr!
(Sie verschwinden wieder.)

Sechster Auftritt.

Vorige. Hanns.

Hanns.

Na, willkommen Herr Futtermann, ich komme gerade vom Kastanienbraunen, der kann's kaum erwarten, bis das Wettrennen angeht.

Futtermann.

Na, mach deine Sachen nur gut.

Hanns.

Soll nicht fehlen. Guten Tag, Jungfer Hedwig, bete Sie nur fleißig, daß er's gewinnt, und ich Sie bekomme.

Hedwig.

Unerträglicher Mensch! sieht Er, Hanns, wenn es auf mich ankommt, so wirft ihn der Kastanienbraune herunter; flehen will ich zur Vorsehung, daß sie die Plane vereitelt, die mich unglücklich machen würden. (geht an's Fenster) Wenn ich nur Accordi sehen könnte!

Accordi
(sieht wieder zur Thüre heraus.)

Wenn sie wüßte, daß ich ihr so nahe wäre. —

Futtermann.

Hanns! paß nur auf, daß ihr der Musikus nicht zu nahe kommt.

Hanns.

Seyn Sie ohne Sorgen.

Futtermann.

He! Holla! Wo ist denn der Wirth?

Lustig
(springt aus der Thüre Nr. 1. gegen die Hauptthüre.)

Hanns (der ihn bemerkt.)

Na, Herr Wirth, warum lauft Er denn so?

Siebenter Auftritt.

Orgelpest. Schmunzler. Vorige.

Orgelpest.

Guten Tag! Guten Tag, Herr Futtermann.

Futtermann.

Er muß auch bei Allem seyn, was thut Er denn hier?

Orgelpest.

Ich will mir Menschenkenntniß erwerben.

Futtermann.

Lehre Er lieber seine Knaben, daß sie keine solche Nichts-
kenner werden, das ist viel gescheuter; Er hat Bengel in
seiner Schule von 11 bis 12 Jahren, die mit dem ABC
noch nicht im Reinen sind.

Orgelpest.

Wird sich schon geben. Rom ist nicht in Einem Jahre
erbaut, nicht wahr, Schmunzler, wir arbeiten brav?

Schmunzler.

Ja wohl, Herr Orgelpest, recht brav.

Futtermann.

Ja, bei Hochzeiten und Kindstaufen; da seyd ihr Meister, wenn statt der Bücher der Tisch mit Käse, Kuchen
und Krügen bepflanzt ist.

Hedwig (für sich.)-

Noch immer suchen meine Augen ihn vergebens.

Futtermann.

Und das sag ich Ihm: Wenn's noch einmal vorkommt, daß Er in der Nacht zu geigen und brüllen anfängt, dann sprechen wir ein anderes Wort miteinander; was hat Er nöthig, fremden Musikanten Nachtmusiken zu machen; — geige Er auf der Kirchweih, so lang Er will; nur laß Er's auf der Straße bleiben.

Orgelpest.

Erlauben Sie, Herr Futtermann: Anerkennung der Kunst.

Futtermann.

Was Kunst! und so, wie mir Hanns es gesteckt hat, kann Er erst sein Handwerk nicht recht.

Orgelpest.

Lügenhaftes Geschwätz! —

Achter Auftritt.

Lustig, als Bauer gekleidet, mit **Hannchen**, der Wirthin Tochter, die stumm ist. **Vorige**.

Lustig.

Guten Tag — guten Tag!

Futtermann.

Willkommen, willkommen. Jetzt seh ich doch eine Person, die mir gefällt, woher des Wegs?

Lustig.

Von Friedberg, will auch das Volksfest mit ansehen.

Futtermann.

Ja, das bild' ich mir ein, was soll unser einen denn in der Stadt interessiren, bin stets froh, wenn ich wieder her= aus bin.

Lustig.

Wohl wahr! Komplimente sind's, und nichts da= hinter.

Futtermann.

Schwatzt man, wie einem der Schnabel gewachsen ist, so heißts, s'ist ein Bauernkerl; nimmt man andere Ma= nieren an, so wird man ausgelacht.

Lustig.

Nur unser Geld halten sie in Ehren, da flattiren sie, bis der Beutel leer ist.

Futtermann.

Kommen aber die Gelbschnäbel auf's Land, da sind sie demüthig. Ich hab' aber gestern einem den Marsch gemacht, der wird an mich denken.

Lustig.

Gerade so hab' ich's auch gemacht. Da kam so ein leichtsinniger Musikus in unser Dorf, und verrückte meiner Tochter den Kopf.

Hanns.

Sind denn alle Musikanten des Teufels?

Futtermann.

Was? auch ein Musikus?

Lustig.

Nachts auf öffentlicher Straße hatten sie eine Zusam= menkunft.

Futtermann.

Alle Teufel! da gieng's ja gerade wie bei mir zu.

Lustig.

Unser lieberlicher Schulmeister kam mit diesmal gerade recht.

Futtermann (zu Orgelpest.)

Hört Er's, ja die Schulmeister müssen bei allem seyn.

Lustig.

Der kam benebelt aus der Schenke, stieß auf das Pärchen, glaubte, es seyen Spizbuben und fieng aus vollem Halse zu schreien an; als ich herunter kam, fand ich die Bescheerung.

Futtermann.

Ist das eure Tochter?

Lustig.

Ja! ich habe aber der Sache gleich ein Ende gemacht. Mein Gottlieb, ein bräver ehrlicher Bursche, bekommt sie zur Frau.

Futtermann.

Wir müssen Bekanntschaft machen, da unsere Sachen so gleich stehen.

Lustig.

Recht gerne, ich habe aber unten nachzusehen, komm Er mit mir, da wollen wir weiter sprechen.

Futtermann.

Nun gut. Doch halt! meine Hedwig kann ich doch nicht allein lassen.

Lustig.

Ei was, da machen wir kurzen Prozeß. (heimlich zu Hedwig.) Fügen Sie sich in allem nach dem Willen Ihres Vaters, sehen Sie sich um, dort an die Thüre.

Solms und Accordi
(werden in diesem Augenblicke an der Thüre sichtbar.)

Hedwig (höchst verwundert.)

Ach ja, ich sehe!

Das Volksfest.

Futtermann.

Nun, was hält Er sich denn noch auf — sag' Er an, wie will Er's denn machen?

Lustig.

Seht, in dieses Zimmer sperren wir sie ein (deutet auf das Zimmer, in welchem Accordi und Solms ist) und nehmen den Schlüssel so lange mit.

Futtermann
(halblaut zu Lustig.)

Ich glaube nicht, daß meine Hedwig sich das Einsperren gefallen läßt.

Lustig (laut.)

Sie muß, wenn ich es sage!

Futtermann.

Nun, da bin ich doch kurios, das will ich doch sehen! Probier Er's!

Lustig.

Höre Sie, Jungfer Hedwig, nicht wahr, Sie geht so lange, weil wir fort wollen, gutwillig in dieses Zimmer? (deutet auf das Zimmer.)

Hedwig.

O ja! recht gern, lieber als mich in den Wirthsställen herum zu treiben.

Futtermann.

Ha ha ha! Hör Er! Er ist ein Teufelskerl, mir wäre sie nicht gegangen; aber Seine Tochter, geht sie wohl auch?

Lustig.

Die wird gar nicht gefragt: (ruft) Kellner!

Kellner (erscheint.)

Was befehlen Sie?

Lustig.

Den Schlüssel zu diesem Zimmer!

Kellner.

Hier ist er. (giebt ihm solchen.)

Lustig.

So, jezt kann er wieder gehen.

(Kellner ab.)

So, so. (öffnet das Zimmer.)   Nun kommt herein, ihr lieben Kinder.

Futtermann.

Laß dir die Zeit nicht lange werden, Hedwig, wir kommen bald wieder.

Hedwig.

O Väterchen! sie wird mir gewiß nicht lang, Sie mögen so lange ausbleiben, als Sie wollen.

(Geht mit Hannchen in's Zimmer.)

Futtermann.

Hm, hm! wenn nur nichts dahinter steckt, sie geht gar zu gerne hinein.   (versucht, ob die Thüre gut geschlossen ist.) Nun, Kamerad, wegen dem Musikanten können wir jezt ruhig seyn.

Lustig.

Dem wollen wir den Mund schon sauberhalten — sie sollen Respekt vor unserm Dorfverstand bekommen.

Hanns.

Ja, das sollen sie.

Futtermann.

Jezt wollen wir sehen, was meine Ochsen und Schaafe machen, die werden gewiß nicht übertroffen werden.

(Gehen ab.)

Neunter Auftritt.
Orgelpest. Schmunzler.

Orgelpest.

Geht nur zu, nach euren Gedanken gehts doch nicht, und wenn ich etwas beytragen kann, daß Hanns die Hedwig nicht bekommt, so geschiehts gewiß. Wenn ich mir den guten geschickten Accordi denke, und den groben nichtswürdigen Hanns. — Die Baronin ist ja auch mit im Spiel, die läßt sie nicht sinken.

Schmunzler.
Nein! die läßt sich nicht sinken.

Kellner
(kommt und öffnet mit dem Hauptschlüssel.)

Orgelpest.
Viktoria! nun ist ihnen geholfen.

Zehnter Auftritt.
Vorige.
Solms. Accordi. Hedwig und Hannchen.

Solms.
Guten Morgen, Herr Schulmeister, nun vor Ihnen bedarfs keiner Geheimnisse.

Accordi.
Lustig hat sein Probestück gut vollbracht.

Solms.
Er soll öffentlich belobt werden.

Hedwig.

Daß wir uns sobald treffen würden, daran dachte ich nicht.

Solms.

Wie er nur sogleich auf den Gedanken kam, einen Land=mann unter ganz ähnlichen Verhältnissen zu spielen, und sich sogleich eine Tochter zu verschaffen? Wie heißen sie, lie=bes Kind? (zu Hannchen.)

Hannchen
(giebt ein Zeichen, daß sie stumm sey.)

Solms.

Armes Kind! Sie sind stumm?

Hannchen.
(bejaht es durch Kopfnicken)

Accordi.

Ich möchte nur wissen, wo er sie so schnell bekommen hat.

Solms.

Weiter können wir jezt nichts unternehmen, da wir nicht wissen, welchen Gang und Schwung Lustig euren Angelegen=heiten gegeben hat. Meine Rolle wird überhaupt jezt etwas untergeordnet, und ich fange an einzusehen, daß meine Di=plomatik etwas veraltet ist.

Accordi.

Der Arrest macht dich doch nicht mißlaunig? liebe Hed=wig!

Hedwig.

Allen Herrlichkeiten des gepriesenen Volksfestes will ich entsagen, wenn er den ganzen Tag dauert.

Solms.

Möge eure Ehe diesen Stunden gleichen, die so pfeil=

schnell entrinnen: es kommen aber Stunden, die langweilig, recht langweilig werden, wo besonders die Herren Ehemänner anfangen an Gedächtniß = Schwäche zu leiden; wo ihnen die Zeiten nicht mehr einfallen wollen, da sie schmachtend zur Guitarre sangen: „Ich liebe dich, so lang ich leben werde." Und wenn wir zärtlich fragen: Liebes Männchen! erinnerst du dich noch der schönen Stunden? der Herr Gemahl dann verlegen gähnend und trocken sagen: O ja! sie waren recht schön. — Das Wetter scheint heute gut zu bleiben; Johann! meinen Schimmel.

Accordi (bescheiden.)

Im Gegensatze stehen doch auch nicht alle Weiber im verklärten Engelsglanze da,

Hedwig.

Die gnädige Frau scherzt nur. (schmiegt sich an ihn) Man siehts ihm ja an, daß er nicht so seyn kann.

Solms.

Wölfe in Schaafskleidern sind Sie alle,

Hedwig.

Gnädige Frau, sie müssen Sie stark beleidigt haben.

Accordi.

Man kommt.

Solms.

Geschwind ins Zimmer. (Gehen ins Zimmer zurück.)

***

Eilfter Auftritt.

Lustig
(noch als Bauer, aber ohne Perücke).

Fataler Streich, den mir der Zufall da spielt!

(Klopft an die Thüre. Nr. 1.)

Heraus, Heraus!

Solms. Accordi. Hannchen.

Solms, Accordi
(zugleich)

Nun, was ist geschehen?

Lustig.

Dießmal haben sich die Götter etwas malitiös gegen mich benommen. Denken Sie, wir gehen herunter, ich besehe den — mehr als Buzephalus interessanten Kastanierbraunen, und die übrigen Ochsen, Schaafe und Kühe meines Freundes Futtermann; er wünscht die meinigen auch zu sehen, um sie mit seinem Kennerblicke zu kritisiren; ich bin im Begriffe, sie ihm vorzustellen.

Accordi.

Du hast aber ja keine.

Lustig.

Thut nichts, so haben's doch wenigstens Andere, die sich gratuliren müssen, wenn ich mich einige Momente für den Besitzer ihres Viehes ausgebe; ich war also im Begriffe, ihn in einem von dem Wirthshause durch die Straße getrennten Stall zu führen, als ihn malheureusement ein Bekannter, dessen Haus vis à vis von den Fenstern des Zimmers, das ich zum Rendezvous ausersehen, zu sich herauf rief. Er ließ mich nicht von der Seite, ich mußte nolens volens mit. Mich trifft der Schlag! was sehen Futtermann, Hanns, der Bekannte, und ich zugleich im gegenüberliegenden Zimmer? Mademoiselle Hedwig und dich, süßen Freund, wie ihr euch umarmt.

Hedwig. Accordi. Solms.

O weh!

Luſtig.

Futtermann prallt zurück, weiß ſich vor Wuth nicht zu
helfen, Hauns raiſonnirt und ich ſtehe vernagelt da. Fut=
termann geht ans Fenſter, um euch mit ſeiner Donnerſtim=
me aus eurem Liebestaumel zu wecken; zum Glücke waret
ihr nicht mehr am Fenſter, und im Zimmer. — Nun fährt
er über mich her, giebt mir die Schuld, weil ich das Ein=
ſperren angerathen. Ich will mich vertheidigen, vergaß mich
im Eifer, will in der Rage meinen Titus reiben (zieht die
Perücke aus der Taſche) und meine behaarte Hülle fliegt Herrn
Futtermann ins Geſicht, todtenähnlich, wie der Geiſt im
Don Juan, von dem wogenden Puder geſchminkt und bene=
belt will er auf mich zuſtürzen. — Luſtig aber macht mit
einigen Sprüngen eine brillante Retiraite, ſteht nun vor
ihnen und referirt.

Solms.

Futtermann wird aber ſogleich nachkommen?

Hedwig.

Ich habe Todesangſt.

Accordi.

Luſtig! was jezt anfangen?

Luſtig.

Fürs Hieherkommen iſt einſtweilen geſorgt, denn die
Herren ſind ſämmtlich hinter Schloß und Riegel verwahrt.

Accordi.

Wie ſo?

Luſtig.

Wenn auch das Ungeſchik tobt, Luſtig verliert den Kopf
nicht; beym Herausgehen merkte ich, daß der Schlüſſel in
der Thüre ſteckte; ich drehte ihn herum, und war der Ver=
folgung entronnen; zur Sicherheit ſchlug ich auch noch die

Hausthüre zu. Gnädige Frau! (er kniet nieder) zu ihren Füßen lege ich den Schlüssel zu dem Kastell nieder.

Solms.

Sind noch mehrere Leute im Hause?

Lustig.

Gott behüte — das Volksfest hat alles schon ins Freie gezogen. Die Neugierde ist in dieser Stadt zu Hause; ich glaube nicht, daß hundert Personen mehr hinter ihren Pfählen sind.

Hedwig.

Mein Vater stirbt, wenn er das Volksfest nicht mit ansehen kann.

Lustig.

Er muß kapituliren.

Solms.

Die Leute im Gasthofe hier können ihn aber befreien.

Lustig.

Das werden sie nicht, gnädige Frau. Seitdem ich Geld von Accordi habe, sind sie mein, eine Armee fühle ich in meiner Faust, wenn Ducaten aus meiner Börse schimmern; in solchen Fällen ist Geld eine Universal-Medizin, durch welche die Menschheit schnell zu Entschlüssen reift, und keinen Scrupeln mehr Gehör giebt.

Hedwig.

Aber ich bitte, Herr Lustig! machen Sie es nicht zu arg, je mehr mein Vater beleidigt wird, desto widerspenstiger wird er ja.

Lustig.

Sorgen Sie nicht, liebes Kind. Drastische Curen sind die passendsten für solche Kraft-Naturen. —

Accordi.

Wir vertrauen ganz auf dich!

Solms.

Was höre ich! was bedeutet der Lermen?

(Geschrei vor der Thüre: Feuer! Feuer!)

Alle.

Was bedeutet das?

Zwölfter Auftritt.

Orgelpest. Schmunzler. Vorige.

Orgelpest.

Um Gottes Willen! was ist geschehen? Mein Schmunz=
ler und ich, – wir waren gerade im Begriff zum Volksfest
zu gehen; als wir zum Hause heraustraten, schreien zwey
Männer mit furchtbarer Stimme: Feuer! Feuer!

Solms.

Wo brennt es denn?

Orgelpest.

Nirgends. Lassen Sie sich irre machen, gnädige Frau! nicht
wahr, Schmunzler?

Schmunzler.

Nicht irre machen, gnädige Frau! — Nicht wahr, Herr
Orgelpest?

Lustig.

Ha ha ha ha! Ich will weiter erzählen.

Accordi.

Du warst ja aber nicht dabei.

Lustig.

Thut nichts. Also er schrie: Schulmeister kommt mir zu Hülfe, öffnet die Thüre, meine ungerathene Tochter, „Spitzbube" ich komme nicht zum Volksfeste, mein Kastanienbrauner, ach Gott, Feuer! Feuer!

Orgelpest.

Ja ja! und das waren der Herr Futtermann und der Hanns, sie wissen aber auch alles. Ich wollte die Hausthüre öffnen, sie war aber verschlossen, der Herr Futtermann glaubte, es sey mir nicht recht, und fieng an: Feuer! Feuer! zu brüllen. Die Knechte und Kellner im Hause rührten sich nicht.

Lustig.

Gnädige Frau, Wirkung der Ducaten.

Orgelpest.

Nur einige alte Weiber und Männer, die nicht bis zur großen Wiese gehen konnten, hinkten daher, und versuchten, aber vergebens, die Thüre zu öffnen.

Solms.

Ist sie denn jezt offen?

Orgelpest.

Wahrscheinlich — denn ein Knecht von Futtermann, der das Vieh auf die Wiese getrieben, hatte etwas vergessen; es ist ein handvester Kerl, der hat die Thür gewiß schon geöffnet.

Lustig.

So? Wirklich? Geschwind auf die Zimmer retirirt; Sie gehen mit ihrem Adjutanten in Nr. 1., Herr Schulmeister, und wir in dieses Zimmer. Ist Ihnen gefällig, gnädige Frau. Die Baronin giebt ihm den Arm, sie gehen in das Zimmer Nr. 2. Schulmeister und Schmunzler in Nr. 1., worin die ersteren früher waren.)

(Gehen ab.)

Dreizehnter Auftritt.

Futtermann. Hanns. Jacob. Kellner.
Knechte.

Futtermann.

Donner und Wetter! muß es mir so gehen! Hanns
Futtermann, einer der reichsten Pächter im ganzen Lande,
wird von einem Hallunken betrogen, eingesperrt, verrathen,
Donner und Wetter, wenn ich den Kerl bekomme, den
dresche ich zusammen, kein ganzer Fetzen soll an ihm übrig
bleiben.

Hanns.

Ich bin nur froh, daß es noch Zeit zum Volksfest ist;
Herr, wenn es Eilf geschlagen hätte, so wäre ich zum Fen=
ster heraus gesprungen, und wenn mich's das Leben geko=
stet hätte.

Futtermann.

Alle Donner, ich bin so verwirrt, daß ich meine unge=
rathene Tochter beinahe vergesse; den Hals drehe ich ihr
um, und den lustigen Musikanten muß mir die Obrigkeit
arretiren. Kellner, in welchem Zimmer ist meine Tochter,
sag Er mir die Wahrheit.

Kellner.

Wo Sie sie eingesperrt haben.

Futtermann.

Wer hat den Musikanten zu ihr hinein gelassen?

Kellner.

Das weiß ich nicht; er hat vielleicht einen Hauptschlüssel.

Futtermann.

O ich Dummkopf! Daran habe ich nicht gedacht, daß
man in Wirthshäusern Haupt= und Nachtschlüssel hat, und
der andere Kerl hat den Schlüssel.

Kellner.

Mit einem Hauptschlüssel kann ich dienen.

Futtermann.

Geb Er her! (Er giebt ihm den Schlüssel) So so, Hanns, du stellst dich mir zur Seite; wir gehen zusammen hinein, und euch binde ich es auf die Seele, daß, wenn uns einer entwischt, ihr ihn auffangt.

Alle.

Ganz recht.

Futtermann.
(öffnet bedächtig die Thüre, und sieht hinein).

Alle Teufel, das sieht gut aus, sie haben die Läden zugemacht, Hanns, jezt frisch hinein.

(Sie gehen hinein, wenn sie im Zimmer sind, springt lustig über die Bühne zur Mittelthüre hinaus)

Hanns. (schreit)

Herr Futtermann, ich hab' sie! —

Futtermann.

Heraus mit euch, ans Tageslicht.

(Sie kommen heraus, Futtermann hat Orgelpest und Schmunzler am Arm und Hanns Hannchen; als sie solche erblicken, prallen sie zurück und erstaunen)

Da ist der Böse mit im Spiel, natürlich gehts nicht zu, sag Er mir ins Teufels Namen, Schulmeister, was macht Er denn mit seinem Affen, dem Schmunzler, und dem jungen Mädchen bei geschlossenen Läden in diesem Zimmer?

Orgelpest.

Der Schrecken wegen des Feuers hat uns so zugesezt, und da haben wir uns da hinein retirirt.

Futtermann.

Donner und Wetter! Ich glaube, Er will mich noch

foppen! (zu Hannchen) Sag Sie mir, wo ist meine Tochter, Ihr verruchter Vater und der Musikus?

Hannchen
(schüttelt verneinend den Kopf.)

Futtermann.
Na, kann Sie nicht reden, wie andere Leute?

Kellner.
Sie erlauben, sie ist stumm.

Futtermann (erstaunt).
Stumm — sogar stumm? Ich glaub's aber nicht, bis Sie mir klar und verständlich sagt: ja, ich bin stumm. Höre Sie, ist Sie wirklich stumm? So gesteh Sie es, und sage Sie Ja! —

Hannchen
(giebt durch Kopfnicken ein bejahendes Zeichen.)

Futtermann.
Nicht wahr ists, Sie ist ihr ähnlicher Vater, nichts als Lug und Trug; wenn sie stumm wäre, so hätte Sie es mir gesagt, Sie braucht sich gar nicht daran zu schämen.

Orgelpest.
Wenn Sie aber wirklich stumm ist, so kann sie doch nicht Ja sagen.

Futtermann.
Halt Er seinen vorschnellen Mund, Er alter Silbenstecher. Kurz gefaßt, frisch zum Volksfest — sobald ich meine Tochter und den Schlingel von Musikus sehe, rufe ich die Polizei.

Vierzehnter Auftritt.

Vorige. Lustig; als Polizei-Commissär mit zwei
Polizeidienern.

Lustig.

Wo ist der Pachter Futtermann und sein Knecht Hanns?

Kellner.

Das ist der Herr Futtermann, und das sein Hanns.

Futtermann.

Was will man von mir und meinem Knecht Hanns?

Lustig.

Nicht mehr und nicht weniger, als den Pachter Futtermann nebst Knecht Hanns zu arretiren.

Futtermann und Hanns
(fahren zusammen).

Zu arretiren?

Futtermann.

Was, mich zu arretiren? Das will ich doch sehen, und
warum?

Lustig.

Wegen gemachtem muthwilligen Feuerlärmen. Sie haben alle Bewohner hiesiger Stadt in Schrecken und Angst
gesezt.

Futtermann.

Es waren ja keine fünfzig Personen in der Stadt.

Lustig.

Jezt wimmelt es aber auf der Straße. Die Kunde drang
hinaus auf die Wiese, und kein Mensch dachte mehr ans
Volksfest; man eilte vielmehr nach Hause, um seine Habe
zu retten. Herr, staunen Sie: 16 Personen sind erdrükt
worden, 109 Frauenzimmer sind in Ohnmacht gefallen —
Das haben Sie alles zu verantworten. — — —

Futtermann.

Ja, was kann ich denn für diese Ohnmachten? Jezt will ich zum Volksfest; ich darf meine Ochsen nicht so lang auf mich warten lassen. —

Hanns.

Und ich muß zum Wettrennen, ich muß mir Jungfer Hedwig mit dem Kastanienbraunen erreiten.

Lustig.

Was gehen mich Ihre Ochsen, und was geht mich Sein Kastanienbraun an; im Namen der Polizei, man folge mir.

Futtermann.

Nein, jezt hab' ich es satt, wenn ich auch bisher an keinen Teufel geglaubt hätte, so würde ich es jezt. Das ist zu arg, der hat mich aufs Korn genommen (weinerlich) meine Tochter hat sich in einen Musikanten verliebt; ich muß sehen, wie er meine Tochter umarmt; ein hergelaufener Kerl sperrt mich ein, ich schreye Feuer — Leute werden erdrückt, ganze Glieder fallen in Ohnmachten — und jezt soll ich noch arretirt werden, das halte ein anderer aus.

Lustig.

Meine Pflicht wird mir sauer, ich bedaure Sie (Er kann sich des Lachens kaum erwehren) aber ich muß Sie arretiren.

Futtermann.

Liebster, bester Polizei Herr, haben Sie Erbarmen; ich sterbe, wenn ich das Volksfest nicht mit ansehen darf, sehen Sie, es ist mein Alles, das ganze Jahr freue ich mich darauf, und suche durch eigenes Beyspiel meinen Ochsen Appetit einzuflößen, daß ich die Ehre habe, den ersten Preiß zu bekommen; wenn ich meinen Schecken heute nicht gekrönt, stolz durch die Viehreihen einhertreten sehe, und meinen

Hanns

Hanns mit dem Kastanienbraunen die Rennbahn durchfliegen sehe, trifft mich der Schlag.

Hanns (weint).

Und ich bekomme die Jungfer Hedwig nicht zur Frau, ach daß Gott erbarm! —

Lustig.

Ich ehre Euer Zartgefühl, aber — beim Arretiren bleibts.

Futtermann.

Ich will ja gerne Caution leisten (zu ihm bei Seite) und ein honorables Trinkgeld sollen Sie auch haben.

Lustig.

Donner und Doria, Herr! Sie wollen mich bestechen, jetzt ist's genug. Greift an (die Polizei-Soldaten sind im Begriff, Futtermann und Hanns zu packen).

Orgelpest und Schmunzler.

Erbarmen!

Fünfzehnter Auftritt.

Die Vorigen. Accordi. Hedwig.

Futtermann
(fast außer sich).

Donner und Wetter! Jezt bricht mir die Geduld. (geht auf Hedwig los, Lustig stellt sich zwischen sie.)

Lustig.

Herr! keine Beleidigung in meiner Gegenwart!

Hedwig.

Vater!

Accordi.

Wir bitten!

Das Volksfest.   5

Futtermann.

Nenne mich nicht mehr Vater! du ungerathenes, pflicht=
vergessenes, leichtsinniges und heilloses Geschöpf! du bist
an allem dem Unglück schuld, das mich trifft, eingesperrt
soll dein Vater, der angesehenste Landmann auf sechs Stun=
den Wegs in der Gegend werden. Eingesperrt, und das
wegen dir, du Teufelskind.

Hedwig (geht zu Lustig.)

Lieber Herr Lustig, machen Sie es nicht zu arg.

Solms (zu Futtermann.)

Es thut mir leid, Herr Futtermann, daß Sie in diese
Verlegenheit gekommen!

Futtermann.

Gnädige Frau! allen möglichen Regart im Voraus,
aber Sie haben auch mitgeholfen.

Solms
(auf der Seite zu Futtermann.)

Ich könnte Ihnen einen Rath geben, wodurch Sie in
kurzer Zeit aller Verlegenheit enthoben wären, Sie müssen
aber auch ein Opfer bringen. Denken Sie nur an die
Schande — Herr Futtermann eingesperrt, während des
Volksfestes, nein! das wäre schrecklich, ich sehe Ihre vielen
Bekannten schon im Geiste triumphiren, die Sie ohnedieß
anfeinden, weil Sie stets den ersten Preis davon trugen.

Futtermann.

Gnädige Frau, ich bitte Sie um aller Heiligen willen,
geben Sie mir den Rath.

Solms.

Herr Accordi allein kann helfen; ich kenne den Com=
missär, er ist ein leidenschaftlicher Musikfreund, wenn er

von ihm nur zwanzig Takte Adagio hört, so weiß er sich vor Rührung schon nicht mehr zu helfen.

Futtermann.

Das wäre! aber das könnte ja auch der Schulmeister thun, der ist auch wohlfeiler.

Solms.

Gott behüte, der hat eine Manier, die den Herrn Commissär zur höchsten Wuth bringen würde.

Futtermann.

Was muß ich denn dem Herrn Accordi geben?

Solms.

Geben Sie ihm Ihre Hedwig, die er wahrhaft liebt, und glücklich machen kann.

Futtermann.

Nein! und wenn mir's um's Leben geht, daraus wird nichts.

Lustig.

Jezt reißt mir die Geduld, machen Sie ein Ende, Herr Futtermann.

Solms
(die einige Zeit mit Accordi gesprochen zu Futtermann.)

Noch eins, unter der Bedingung, daß Sie Hedwig den ganzen Tag Accordi überlassen, übernimmt er das Riesenwerk, den Commissär zu rühren, um ihn zu milderen Gesinnungen zu bringen.

Hanns.

Geben Sie es nicht zu, Herr Futtermann, er geht am Ende mit ihr zum Teufel, oder, wie Sie es nennen, mit ihr durch.

Futtermann.

Schaafskopf! ich muß ja sonst in den Thurm; da laß ich meine Tochter doch lieber für heute mit dem Musikus herumziehen, aber weiter nichts; vom Heirathen ist keine Rede. (zu Solms.) Sagen Sie ihm, er soll nur anfangen. (Baronin spricht mit Accordi, er geht in's zweite Zimmer, und holt seine Violine, und fängt ein Adagio an.)

Lustig

(macht einige Bewegungen, die seine Rührung andeuten sollen.)

Wie wird mir! — Diese himmlischen Töne erwärmen allmählich mein kaltes Polizeiherz; warum habe ich in diesem Augenblicke nicht Millionen zu verschenken? (geht auf Accordi los.) Halt ein, Barbar, sonst unterliege ich meiner Rührung. (stüzt sich auf die zwei Polizeidiener.)

Futtermann.

Der ist närrisch geworden.

Lustig.

Guter Futtermann, ich habe dich beleidigt, komm an mein zartfühlendes Herz. (umarmt ihn) Laß mich meine Wonne an dir aushauchen, verzeih, edle Seele!

Futtermann.

Das kann schon seyn. (fixirt ihn näher.) Donner und Wetter, wenn Er nicht Polizei=Commissär wäre, so würde ich darauf schwören, Er sey der Spitzbube von Bauer, der mich so angeschmiert hat.

Orgelpest

(ergreift die auf dem Tisch liegende Geige und scharrt einige Accorde.)

Lustig (bös).

Donnerwetter! fort, augenblicklich auf die Wache, ergreift sie (zu den Polizeidienern.)

Futtermann.

(wüthend auf den Schulmeister losgehend.)

Will Er aufhören, schwarzer Teufel! (bei Seite) Mein Seel', die gnädige Frau hat Recht. (laut zu Accordi.) Ich bitte Sie um Gotteswillen, spielen Sie wieder darauf los, sonst muß ich in Arrest!

Accordi
(spielt wieder einige Takte.)

Lustig
(macht wieder einige komische Geberden.)
Das Leben ist doch schön! —

Füttermann.
Dürfen wir jezt gehen?

Lustig
(umarmt Futtermann.)
Zieh hin in Frieden, schöne Seele.

Futtermann
(im Abgehen zum Schulmeister.)
Den Hals dreh' ich Ihm um, wenn Er mir die Geige
anrührt. (zu Accordi.) Geben Sie die Geige nicht aus der
Hand, und wenn ich fort bin, spielen Sie noch ein wenig,
es könnte ihm sonst der alte Rappel wieder kommen.

Accordi.
Mit großem Vergnügen. (spielt fort.)

Futtermann (zu Hedwig.)
Nur wegen dem Thurm darfst du heute mit dem Musi=
kanten sprechen, Hanns wird dein Mann, kein anderer (laut)
Habe allerseits die Ehre. (Lustig springt auf Futtermann zu, um=
armt ihn, dieser erschrickt und schreit im schnellsten Abgehen.) Um Got=
teswillen, Herr Musikus! geigen Sie, geigen Sie!
(Ab mit Hanns.)

Lustig.
Ha ha ha! er hat Respekt vor deiner Violine bekommen.

Solms.
Das muß man Ihnen lassen, in der Erfindung sind Sie
einzig.

Accordi.

Seine Hartnäckigkeit ist gränzenlos, wenn du seinen Sinn beugst, ist's ein Meisterstück.

Lustig.

Und wenn sein Herz aus cararischen Marmor ist, so will ich so lange mit meiner Künstlerhand daran meißeln, daß es so zart wie ein Taubenherzchen wird. Kurz, er muß heute noch so weit gebracht werden, daß er dich flehentlichst ersucht, seine Hedwig zur Frau zu nehmen.

Solms.

Kommt, Kinder! jezt ist es Zeit, daß wir auch zum Volksfest gehen.

Hedwig.

Da wird es aber noch einen harten Kampf absetzen. Lieber Herr, schonen Sie nur meinen Vater so viel als möglich!

(Man hört einen Böllerschuß.)

Alle (außer Lustig.)

Was bedeutet das?

Lustig.

Das Signal zum Volksfest. (tritt vor.)

Der Kampf beginnt, ich trete in die Schranken,
Mit festem Sinn und frohem Muth.
Nichts macht den Vorsatz in der Brust mir wanken,
Thürmt sich auch über uns die Fluth;
Eh' noch die Sterne hoch am Himmel glänzen,
Will ich mit Myrthen lieblich Euch bekränzen.

(Der Vorhang fällt.)

Dritter Aufzug.

(Große Wiese in der Gegend und auf dem Platze, wo das Volksfest gefeiert wird. Mehrere Zelte sind aufgeschlagen, wo Restaurateurs das Publikum bewirthen, Gruppen an Tischen. Buntes Gewimmel von Leuten aller Stände. Polizeidiener, Militairs, Juden 2c. 2c.

Erster Auftritt.

(Schäferinnen, Schäfer, Bauern und Bäuerinnen treten in den Vordergrund.)

Chor der Mädchen.

Jubelt, Schwestern, jubelt alle,
Freude, Freude nur erschalle,
Sie verdränge Schmerz und Plag!
Heiter lächelt dieser Morgen,
Und verscheuchet unsre Sorgen,
Singet froh an diesem Tag.
La la la 2c. 2c.

Chor der Männer.

Heil dem König, singet alle,
Daß es durch das Thal erschalle,
Heil dem Vater töne laut;
Der des Landmanns Streben leitet,
Und dies schöne Fest bereitet,
Lohnet, der am besten baut.
La la la 2c. 2c.

(sie gehen in den Hintergrund.)

Walter

(tritt in den Vordergrund.)

Wie man mir im Gasthofe sagte, soll die Baronin hier auf der Wiese seyn, sie aber aus dieser wogenden Menge heraus zu finden, ist keine Kleinigkeit. Sie wird über meine Eröffnungen staunen. Verzeihe mir im Grabe, lieber Solms, aber darin bist du zu tadeln, die falsche Schaam hast du zu weit getrieben, zumal die Baronin ein Ideal von Herzensgüte und Toleranz ist.

Zweiter Auftritt.

Futtermann und **Hanns** (mit Loch einigen Knechten.)

Futtermann.

Nun, da wären wir endlich einmal auf dem Platze. In meinem ganzen Leben ist mir das nicht vorgekommen, was in den zwei Tagen vorgefallen. Meine Tochter verliebt sich in einen Musikanten, lauft des Nachts mit ihm auf der Straße herum. — Die Frau Baronin verschwört sich auch gegen mich! — Ein hergelaufener Kerl hält mich zum Narren; ich muß sehen, wie der Musikant meiner Tochter in den Armen liegt; — schreien muß ich aus Verzweiflung: Feuer! Feuer! weil ich eingesperrt war; — man will mich deßwegen in den Thurm transportiren; den Narren von Polizei-Commissär macht zu meinem Glück das Geigen verrückt, daß er so weich wie Maibutter wird, und mich losläßt — und daß Gott erbarm! komme nur unter der Bedingung aus der Fatalität, daß ich für das Freigeigen des Musikanten ihn mit meiner Tochter den ganzen Tag herum laufen lassen muß.

Hanns.

Ja, Herr Futtermann! das ist hart, wenn nur der Schulmeister heute keine Geige mehr anrührt, daß es der Commissär hört. — Das gäbe eine schöne Geschichte.

Futtermann.

Was den ersten Preis für mein Vieh betrifft, ist mir nicht bang, hab' schon so ziemlich das andere gesehen, die hau' ich in die Pfanne. Es ist eine Schande, was für mageres Zeug sie mitunter her schleppen; — Hunger bekommt man, wenn man es ansieht. Na kommt!

Walter (tritt vor.)

Guten Tag, Herr Futtermann!

Futtermann.

Wie! Herr Walter? J, seyn Sie mir tausendmal gegrüßt! Viele Jahre ist's ja schon, daß wir uns nicht mehr gesehen. Sie werden wissen, daß der gnädige Herr, Ihr Freund, der Baron Solms, gestorben ist.

Walter.

Leider weiß ich es. Wo find' ich die Baronin? Ich habe sie nothwendig zu sprechen, deßhalb bin ich hier.

Futtermann (etwas finster.)

Sie ist hier! freilich! aber ich weiß nicht, in welcher Gegend sie wieder herum spioniren mag.

Walter.

Wie meint Ihr das? Und lebt Eure Hedwig noch?

Futtermann (verbissen.)

Ja — o ja! — (die Wetterhexe)

Walter.

Warum so aufgebracht? Ihr scheint ihr nicht besonders hold zu seyn. —

Futtermann.

Aufrichtig gesagt, Herr Walter, das Mädchen macht mir viel Kreuz.

Walter.

Warum?

Futtermann.

Warum? Potz alle Hagel, in einen landfremden Musikanten hat sie sich vergafft.

Walter.

Nun, wenn er nur sonst ein braver Mann ist, der eine Frau sorgenlos ernähren kann. Wie heißt er? —

Futtermann.

Wie heißt er doch gleich? S'ist so ein polnischer Name; Hanns, fällt's dir nicht ein, wie der Kerl heißt.

Hanns.

Wenn ich nicht irre: Acco — Acc — Accordi.

Walter (erstaunt.)

Accordi! ist's möglich! der ist hier? o das ist ja charmant.

Futtermann (für sich.)

Alle Teufel! dem fängt's auch an schwindelnd zu werden.

Walter.

Accordi, der erste Violinist in der Residenz? In der fürstlichen Kapelle?

Hanns.

Ja, das ist auch was rechts!

Walter.

Ha ha ha! Accordi! sonderbarer Zufall! Herr, gratuliren Sie sich, wenn es wahr ist, daß der Ihre Tochter zur Frau begehrt, da kommen Sie in eine vornehme Verwandtschaft.

Futtermann
(deutet an die Sterne.)

Der ist auch verrückt, hat sich vielleicht auch vorgeigen lassen? (laut) Ich sage Ihnen aber, Herr Walter, er bekommt meine Tochter nicht.

Walter.

Und ich gebe Ihnen mein Wort, wenn das Pärchen sich liebt, so bekommen sie einander, es fehlt gar nicht.

Futtermann.

Da muß ich auch dabei seyn, Sie sprechen ja gerade, wie die gnädige Frau Baronin. Die sagt auch: „Es fehlt nicht, es fehlt nicht!" und wenn sie hundertmal meine Tochter erzogen hätte, ich bin ihr Vater, ich habe ihr den Mann zu bestimmen! Basta!

Walter.

Nur Geduld, mit der Zeit pflückt man Rosen. Was ich sagen wollte, ist denn Herr Accordi auch hier?

Hanns.

Freilich ist er hier; mit der Jungfer Hedwig lauft er auf der Wiese herum.

Walter.

Das ist ja aber ganz widersprechend? Sie wollen nicht, daß sie sich heirathen, und geben doch zu, daß sie zusammen das Volksfest besuchen?

Futtermann (böse.)

Ja, das ist freilich zum Teufelholen. Meine Schuld ist's aber nicht; vor Galle möchte ich bersten, wenn ich nur daran denke! —

(Man hört das Signal von mehreren Trompeten.)

Das Volksfest. Kommen Sie, kommen Sie, jezt will ich von nichts Anderem wissen.

(Gehen ab.)

Dritter Auftritt.

Solms. Hedwig. Accordi. Lustig.

Lustig.

Da wären wir auf dem Schlachtfelde.

Solms.

Die Schranken sind geöffnet.

Accordi.

So wenig ich zum Lachen aufgelegt bin, so konnte ich mich dessen doch nicht enthalten, als ich durch meine Töne deinen Polizeibusen rühren mußte.

Lustig.

Ha ha ha! Gnädige Frau, nicht wahr, der Spaß war so übel nicht?

Hedwig.

Mein armer Vater hat viel ausstehen müssen. Lieber Herr Lustig, machen Sie es heute nur etwas gnädiger.

Solms.

Gutes Mädchen! sey unaesorgt, deinem Vater geschieht nichts; nur eine kleine Neckerei zu deinem und seinem Glücke ist schon zu verzeihen.

Lustig.

Ja, und alle Mittel müssen angewendet werden, um ihn heute dergestalt konfus zu machen, daß er ermattet von unsern Streichen niedersinkt, und erschöpft sein Jawort stammelt.

Solms.

Damit bin ich in sofern einverstanden, als hier die Sache in's Reine kommen muß, denn zu Hause ist mit ihm nichts anzufangen.

Hedwig.

Da würde er mich gewiß einsperren, und der boshafte Hanns gieng mir als Wächter nicht von der Seite.

Accordi.

Gehen wir jezt auf den Plaz, wo die Herrlichkeiten vor sich gehen.

Lustig.

Jezt ist's noch Zeit. Die vierfüßigen Matadors werden erst betastet, und über ihre Preiswürdigkeit debattirt. Sobald sie in stolzem, feierlichen Triumphzuge gekrönt herumgeführt werden und das Wettrenen beginnt, sollen meine Minen springen.

Solms.

Was denken Sie aber zu thun, wenn Hanns den ersten Preis im Wettrennen wirklich gewinnt? Futtermann hält streng Wort.

Lustig.

Gnädige Frau, mein Wort, er bekommt ihn nicht!

Hedwig.

Das können Sie aber doch vorher nicht wissen.

Lustig.

Dafür ist gesorgt. Wenn ich mich gewöhnlicher Mittel bedienen wollte, käme er nicht einmal zum Reiten.

Solms.

Sie närrischer Mensch, und die wären?

Lustig.

Den Streithengst hinkend zu machen, oder ihn gar zu stehlen; dies würde meinem Genie wenig Ehre machen — Nein, Lustig geht anders zu Werke! —

Solms.

Ich bin begierig. — Uebrigens muß ich Sie bitten, uns auf diesem Volkstummelplatz in keine Berührung zu bringen. Diese Art von Oeffentlichkeit liebe ich nicht.

Lustig.

Gnädige Frau! ich werde die Etiquette nicht verletzen.

Alle.

Ach, der Schulmeister!

Vierter Auftritt.

Vorige. Orgelpest. Schmunzler
(mit verbundenen Wangen)

Accordi.

Was bringen Sie denn wieder Neues, Herr Schulmeister?

Orgelpest.

Habe allerseits die Ehre! Viel bringe ich, aber nichts Gutes.

Hedwig.

Lieber Herr Schulmeister, was giebts denn? Sie erschrecken mich.

Lustig.

Erzähle, pädagogischer Märtyrer!

Orgelpest.

Herr Futtermann hat drey Preise für die fettesten Ochsen, den schönsten Bock, und für die feinsten Mutterschaafe erhalten. Der Minister hat ihm außer diesem noch ein mündliches Lob ertheilt. Er kennt sich nicht mehr vor Stolz und Freude.

Alle.

O weh!

Orgelpest.

Ja wohl, o weh! — Als er mich erblickte, rief er: „Schulmeister! hat Er meine Tochter und den Musikus nicht gesehen?" Ich sagte nein! „wenn Er sie sieht oder trifft, erzähle Er, was passirt ist. Der Musikus soll sich nur sammt
seiner Geige aus dem Staube machen, denn wenn ich ihn
noch treffe, laße ich ihn arretiren. Der Minister hat
per „Lieber" mit mir gesprochen; jezt kümmere ich mich
den Teufel um den nasenweisen Polizei-Commissär. —

Solms.

Schöne Aussichten!

Orgelpest.

„Die Baronin hat mir nichts zu befehlen, und was
„geht vollends die Sache den Herrn Walter an?"

Solms.

Ist denn Walter angekommen?

Orgelpest.

So sagt er.

Solms.

Sonderbar.

Orgelpest.
(deutet auf Schmunzler)

Da sehen Sie nur: mein Schmunzler wollte ein gutes
Wort einlegen, und im Nu hatte er ein Andenken, daß
ihm Hören und Sehen vergieng.

Schmunzler
(wischt sich die Augen)

Ja, der Herr Futtermann führen eine schwere Hand
beim Schreiben.

Accordi.

Armer Teufel (giebt ihm Geld) da hat er ein kleines Schmer=
zengeld.

Schmunzler

(freundlicher, küßt Accordi die Hand). —

Bedanke mich. Ist schon geheilt.

Lustig.

Ja Geld! du heilst alle Wunden, mit dir begabt will
ich die Menschheit auf den Kopf stellen. Was ist das Le=
ben ohne Geld? Armselig wandelt man, und nicht beachtet
herum. Bekomme ich einst Söhne, so müssen sie mir statt
den Homer, den Nelkenbrecher und Schmalzried studieren.

Schmunzler.

Um Gotteswillen, meine Herrschaften! Dort sehe ich
Futtermann und Hanns auf uns zukommen. O weh, sie
kommen.

Lustig.

Orgelpest und Schmunzler, folgt mir geschwind, ihr
bekommt Rollen.

Solms.

Wo wollen Sie hin?

Lustig.

In mein Zelt, wo Costum's und Satelliten meiner har=
ren, um das Gefecht eröffnen zu können.

Accordi.

Freund, wir vertrauen auf dich! Laß nicht zu lange auf
dich warten.

Lustig.

Ohne Sorge! Gnädige Frau, ich werde ihrem Vertrauen
zu entsprechen suchen.

(Ab mit Orgelpest und Schmunzler).

Fünfter

Fünfter Auftritt.

Die Vorigen.

Solms.

Kinder, so viel ich auch Vertrauen auf die Gewandtheit des Lustig habe, so scheint er mir doch die Sache zu leicht zu nehmen. Indessen kömmt, daß wir dem Herrn Füttermann nicht gleich begegnen; er steuert gerade auf uns zu.

(Gehen ab)

***

Sechster Auftritt.

Füttermann, Hanns, mehrere Knechte.

Füttermann.

Nun, was sagt ihr dazu, Kerls! drei Preise habe ich erhalten, und der Minister hat mit mir so gnädig gesprochen, als ob wir in die Schule mit einander gegangen wären, und gesagt: „daß Se. Königliche Majestät nächstens meine Wirthschaft einsehe wolle." Ich würde mich vor Freude heute nicht kennen, wenn mir meine ungerathene Tochter nicht so viel Kreuz machte. Wenn nur der König nichts davon erfährt, daß sie in den Musikus verliebt ist, er käme gewiß nicht zu mir. — Wenn ich sie zu Gesicht bekäme, sie hätte ihn zum leztenmal gesehen.

Hanns.

Herr Füttermann, der Musikus spekulirt auf Ihre Tochter. In ein paar Jahren wäre das Vermögen verpuzt, und dann (bläst durch die Finger) hast du nicht gesehen? —

Futtermann.

Ja, es bleibt kein Geld bey ihnen, und es ist ihnen am besten, wenn sie nichts in der Tasche haben.

Hanns.

Bei Kirchweihen verdienen sie wohl ein schönes Stück Geld, aber alles muß den andern Tag wieder springen.

Futtermann.

Billig muß man seyn, sie können aber auch unerhört schlucken, wenn sie die Nacht durchgeblasen und gegeigt haben, trinken sie den Bodensee aus.

Siebenter Auftritt.

Die Vorigen.

Drei Musikanten mit Geigen
(sind eben im Begriff anzufangen).

Futtermann (schnell).

Bleibt mir mit eurem Fideln zu Haus. Da habt ihr Geld, und lauft damit, so weit ihr könnt; die Kerls könnten mir am Ende die erlangte Gnade des Ministers, der in der Nähe ist, vor dem Munde weggeigen.

Achter Auftritt.

Die Vorigen.

Lustig.

(Lustig erscheint abentheuerlich gekleidet, schwarzen Rock und Bart, setzt sich vorne an den Tisch und spricht mit sich selbst vernehmbar).

So ist's denn wahr, was ich vergangene Nacht mit

Fractur-Schrift geschrieben am Himmel las: „Futtermann
„muß sterben.‟

Futtermann.

Pfui Teufel! was sagt der Kerl, ich müsse sterben? Der
kommt mir gerade recht. Hör Er, wer macht Ihm denn
weiß, daß ich sterben muß?

Lustig
(thut, als ob er ihn nicht gehört).

Futtermann muß sterben, wenn ihm sein guter Engel
nicht eingiebt, dem Accordi seine Hedwig zur Frau zu
geben.

Futtermann.

Hol mich der Teufel! ich glaube, man hat alle Narren=
häuser in Deutschland aufgesperrt, er sieht übrigens, wie
ein Leichenbitter aus (schreit zu Lustig hin) Sag Er mir, warum
soll ich denn sterben?

Lustig.

Weil es die Götter beschlossen haben, und vergangene
Nacht das Decret feurig am Himmel gestanden hat: „Ac=
„cordi dein Schwiegersohn oder todt.‟

Futtermann.

So geht man nicht mit der Menschheit um, weil ich
einem fremden Musikus meine Tochter nicht geben will,
soll ich sterben? Uebrigens habe ich die Frakturschrift und
das feurige Decret nicht gelesen.

Hanns (für sich).

Hätt's auch nicht lesen können.

Futtermann (für sich.)

Die Sache mag seyn wie sie will, mir wird sonderbar
zu Muthe. (laut) Wie heißen denn der gnädige Herr Schwarz=
rock und Frakturleser?

Lustig.

Ich heiße Pharao Ratakalabaro, und bin Schwarzkünstler aus Dinkelsbühl gebürtig, 15 Jahre stand ich beym Doctor Faust in Arbeit, bis ihn der Teufel geholt hat, habe auch seinem feyerlichen Empfang in der Hölle mit beygewohnt.

Futtermann.

Da muß es schön hergegangen seyn.

Lustig.

Am Höllenthore spannten 30000 Teufel die Pferde aus, und zogen ihn im Triumph hinein; zwei Millionen Hexen streueten feurige Blumen, und auf dem Ball paré, der ihm gegeben wurde, mußte er den Cotillon mit der Hexe von Endor vortanzen; der Boden war feurig, und zwischen jeder Pause mußte er eine Bouteille Glühwein auf die Gesundheit des Mephistopheles trinken.

Futtermann (für sich).

Mir schauert die Haut. — Wie heißen Sie? (ängstlich) Herr Pharao Katabettakarta?

Lustig (zornig und stark).

Pharao Ratakalabaro!

Hanns (zu Futtermann).

Lassen Sie sich nicht mit ihm ein, sehen Sie, wie seine Augen sprühen, das ist der Böse selbst, wenn er fort ist, können Sie ja doch thun, was Sie wollen.

Lustig (zu Hanns).

Hast du mir etwas zu sagen?

Hanns (ängstlich)

Ich habe dem Herrn Futtermann gesagt, Sie gefallen mir!

Lustig.

Schweig, heuchlerische Kröte; ich weiß deine verruchten Gedanken. (Hanns geht schüchtern von ihm hinweg). Kurz, ich weiß, daß dieser da, (auf Hanns zeigend) Hedwig zur Frau haben soll, aber zittert vor meiner Rache, Accordi allein bekommt sie. —

Futtermann (für sich).

Das ist das alte Lied, hat der Herr Pharao Ra — (drückt sich den Mund zu) nun die leeren Tollhäuser müssen wieder angefüllt werden, und da glaube ich wird der Anfang mit mir gemacht.

Lustig.

Salva talla talla mako! heute Abend Accordi Hedwigs Bräutigam oder todt.

Futtermann.

Warum soll denn der Musikus meiner Tochter Mann werden, haben denn die Teu —

Lustig.

Frevle nicht, er ist mein Vetter!

Futtermann (für sich).

So bei Lebzeiten soll ich schon mit dem Bösen verwandt werden.

Lustig.

Walla Willi Barba Schnak, sprecht es alle nach, sonst seid ihr alle verloren.

Alle.

Walla willi Barba Schnack.

(Lustig ab).

Neunter Auftritt.
Die Vorigen.

Futtermann.

Nun, mit mir gehts immer beſſer. Nicht genug, daß
die Menſchen mir alle auf den Leib kommen wegen der vermaledeiten Heurath; jezt kommt ſogar ein Adjutant des
Teufels und ſezt mir zu. Ich glaube zwar, daß wir ihm
ſchon alle, wie wir hier ſind, angehören, alle mußten billi-
gerweiſe Walli, Willi Barbara Schnack ſagen; und wie der
Kerl nach Schwefel gerochen hat, ich konnte es kaum
mehr aushalten. Auf dieſe Art kann man freilich ſchon
weich werden.

Hanns.

Bleiben Sie nur ſtandhaft, Herr Futtermann.

Futtermann.

Dummer Teufel! Er hat gut ſchwaßen! Er hat ſich
heute nicht mit allen menſchlichen und teufeliſchen Nationen
herum geplagt, wie ich.

(Man hört wieder ein Signal).

Alle.

Das Wettrennen!

Futtermann.

Hanns auf ſeinen Plaß! Fort! Fort!

(alle ab).

Zehnter Auftritt.

Accordi. Solms. Hedwig.

(Im Hintergrunde wird es lebendiger, man hört Musik aber entfernt)

Solms.

Schon hat das verhängnißvolle Wettrennen angefangen. Nicht wahr, Hedwig, dir klopft das Herz, und wie siehts mit Ihnen aus, Accordi?

Accordi.

Ich denke, daß, wenn er den erſten Preis auch bekommen ſollte, im ſchlimmſten Fall doch nur eine Verzögerung eintreten wird.

Hedwig.

Mir ſagt Hoffnung und Liebe, wir ſeyen nicht mehr fern vom Ziele unſerer Wünſche.

Solms.

Kinder, das glaube ich auch — ich habe deßwegen noch keine meiner Minen ſpringen laſſen. Der Miniſter des Innern, von deſſen Gnade dein Vater ſo ſehr durchdrungen wurde, und der hier iſt, ich kenne ihn ſehr gut; Er würde mir gewiß mit Vergnügen den Gefallen thun, und deinem Vater in ganz kurzer Zeit, den Kopf zurecht ſetzen.

Eilfter Auftritt.

Luſtig (in einem Wettrennen-Kleide).

Die Vorigen.

Luſtig.

Bald tritt nun Luſtig in die Schranken ein;
Auf raſchem Pferd will er den Preis erringen;

O zweifelt, zaget nicht, Er wird ja mein,
Dem frechen Hanns wird nimmer es gelingen.

Accordi.

Was? du willst mit reiten?

Solms.

Ha ha ha! Sie.

Lustig.

Eingeschrieben bin ich schon. Bruder! ich mache die Tour mit deinem Rival Hanns, und meines Freundes, Barons Hansling, Reitknecht. Dem Baron habe ich zu einer reichen Parthie verholfen, er ist geborgen und dankbar, und läßt mich nie stecken.

Hedwig. (besorgt).

Sie haben doch ein gutes Pferd?

Lustig.

Ohne Sorge, das non plus ultra eines Engländers.

Hedwig.

Wenn Ihnen nur kein Unglück zustößt!

Lustig.

Gewiß nicht, vor mir hat es Respekt. — Gnädige Frau! während ich die Gesellschaft verlassen, paradirte ich schon vor Futtermann als Pharao Ratakalabaro, Schwarzkünstler aus Dinkelsbühl, und brachte ihn durch Zauberformein und Höllenbeschreibungen beträchtlich in den Harnisch. Er giebt ein volles sonóres: O ja! ehe zwei Stunden vergehen.

(Er sieht zu einer Coulisse hinaus, umarmt Accordi, und verbeugt sich gegen Solms und Hedwig)

Jezt auf zum Kampfe, wiehernd harret mein stolzer

Engländer — Gnädige Frau! bekränzt als Sieger kehr' ich wieder, und leg den ersten Preis zu ihren Füßen nieder. (ab).

Zwölfter Auftritt.
Die Vorigen.

Accordi.
Lustig behandelt die Sache mit einer Zuversicht, die doch ein Zufall zernichten kann.

Solms.
Ich glaube, daß er noch einen Plan hat.

Hedwig.
Gnädige Frau! wollen wir das Wettrennen nicht auch mit ansehen?

Solms.
Ich bin keine Freundin von dergleichen Geschichten. Geht indessen, Kinder, auf dieser Stelle wollen wir uns nachher wieder finden. Nun, Mädchen, sey nicht finster! es wird alles gut gehen.

Hedwig.
Liebe gnädige Frau, meine Wohlthäterin (küßt ihr die Hand, die Baronin umarmt sie, Accordi verbeugt sich, sie gehen ab).

Dreizehnter Auftritt.
Solms (allein).
Schöne Zeit, wo Sehnsucht, Liebe, Furcht und Hoff-

nung das Herz bewegen, ich lebe selbst mit, dieser Liebes-
geschichte wieder auf, und die schönen Tage, die ich einst
mit meinem guten Solms verlebte, stehen wieder im
Frühlingsschimmer der Erinnerung lebendig vor meiner
Seele. Warum mußte ich ihn sobald verlieren?
(will nachdenkend abgehen).

Vierzehnter Auftritt.
Vorige. Walter. Orgelpest. Schmunzler.

Orgelpest
(erblickt die Baronin).
Hier, Herr Walter, ist die gnädige Frau! (entfernt sich).

Solms (sieht Walter).
Wärs möglich! Sind Sie's, Walter?

Walter.
Ja, ich bins. Herzlich willkommen, gnädige Frau! —

Solms.
Wie geht es, mein lieber Walter? Was führt Sie zu
uns her? (traurig) Walter, Sie finden Vieles verändert.

Walter.
Ich verstehe, gnädige Frau, wir haben Vieles verloren während der Zeit; Sie einen geliebten Gatten, und
ich einen werthen Freund.

Solms.
Drei Jahre sind es nun, daß er mir entrissen wurde.
Ich frage noch einmal, was führt Sie hieher? Ich hörte
heute schon Ihren Namen, es fiel mir auf, allein ich über-
giengs, indem ich ohne weitere Nachricht zweifelte, daß
Sie es seyn könnten.

Walter.

Was mich hieher führt, gnädige Frau! dürfte Sie in Erstaunen setzen.

Solms.

Wie so?

Walter.

Wenn ich Ihnen nun sage, daß ich hieher gekommen bin, um Ihnen einen Sohn in die Arme zu führen.

Solms.

Mir einen Sohn zuzuführen? Allerdings bringt mich dieses zum Staunen; doch es scheint, Sie scherzen immer noch so gerne.

Walter.

Gewiß nicht, und wie das Schicksal sonderbar zu Werke geht; Sie kennen ihn bereits, er genießt Ihr Wohlwollen, und Sie interessiren sich für ihn.

Solms.

Nein! das ist mir zu dunkel, Walter. Ich soll ihn kennen, mich für ihn interessiren; bin die einzige Frau meines Solms gewesen, und habe selbst keine Kinder?

Walter.

Der Beweis, den ich Ihnen liefern werde, wird Sie überzeugen, daß man trotz dem — Mutter werden kann.

Solms.

Es wird Ihnen schwer werden.

Walter.

Durchaus nicht, gnädige Frau! — Sie haben nämlich einen Sohn, und einen höchstliebenswürdigen Sohn, wenn Sie ihn annehmen wollen.

Solms.

Unbegreiflich!

Walter.

Ihr Gemahl gab mir bei unserem Abschiede dieses Schreiben (zieht es aus der Tasche) und sagte: Bruder, wenn ich vor dir sterbe, so übergib nach Verfluß von drei Jahren solches meiner Gattin. Alles, was ich anwandte, um ihn zu veranlassen, Ihnen sich damals zu entdecken, war vergeblich, seine falsche Schaam war nicht zu besiegen. Hier, gnädige Frau! (giebt ihr das Schreiben).

Solms
(entfaltet es bewegt).

Es ist seine Handschrift. (sie liest)

Walter (für sich).

Ich bin begierig, welche Wirkung erfolgen wird.

Solms (gerührt).

Walter, Sie haben recht. Solms! Solms! warum hast du mir das verhehlt? (liest weiter) Die Mutter starb bald nach der Geburt; das Kind wurde einem Kapellmeister in Wien übergeben, er wollte es zu sich kommen lassen, als er aber mich kennen lernte —

Walter.

Da wurde er so ängstlich, daß er nur mit mir davon sprach, und nach des Kapellmeisters Tode mußte ich den Knaben in eine Erziehungs = Anstalt nach Berlin bringen.

Solms.

Warum hast du das gethan, Solms? Zweifeltest du an meiner Güte und Liebe?

Walter.

Sein unbegränztes Zartgefühl verhinderte die Entdeckung — zweimal sah er ihn nur.

Solms (hastig).

Nun, so sagen Sie an, Walter! wo lebt er?

Walter.

Wie ich Ihnen vorhin gesagt, Sie kennen ihn, Sie unterstützen ihn sogar.

Solms.

Ich komme vor Erstaunen fast nicht zur Besinnung. Wie heißt er denn?

Walter.

Er ist fürstlicher Kammer=Musikus, und heißt Accordi.

Solms (erstaunt).

Accordi (freudig) Accordi (sieht im Briefe nach). Ja er ists (sieht ein Portrait aus dem Taschenbuche) Diese Aehnlichke, also flößte mir so schnell Vertrauen zu ihm ein. Das ist mehr als Zufall.

Walter.

Sie werden ihm auch ferner gut bleiben?

Solms.

Können Sie zweifeln! meinen Herrn Gemahl im Grabe will ich noch beschämen. Mein Solms hat mich während unserer glüklichen Ehe nie betrübt, und das muß vergolten werden. Ich nenne künftig Accordi von ganzer Seele meinen Sohn.

Walter.

Ich zähle diesen Augenblick zu den glücklichsten meines Lebens; ach, wenn Solms noch lebte!

Solms.

Lieber Walter! Dann hätte es doch eine ziemliche Gardinen=Predigt abgesezt. Es ist für uns Weiber immer etwas Süßes, die Herren der Welt manchmal imponiren zu können. Doch kommen Sie; ich kann es kaum erwarten, bis

ich dem widerspenstigen Futtermann das abgenommen
habe.

(Gehen ab).

———————

Fünfzehnter Auftritt.

Lustig (tritt herein, darauf) Accordi, Hedwig und
Orgelpest.

Lustig (hinkt).

Lustig, heute sind dir die Götter nicht hold. Den er=
sten Preis hat der Baurenbengel zwar nicht bekommen;
vom Pferde mußte er herunter, aber ich auch; nur der
Reitknecht saß wie angenagelt, wir wurden ausgelacht,
und er von tausend Händen applaudirt.

Accordi.

Bruder! ich bedaure. —

Hedwig.

Mir war so bange für Sie!

Lustig.

Hat keine Folgen, und der Plan ist doch gelungen.

Accordi.

Was hast du ihm denn in die Ohren geschrieen, als
er und du in einem Tempo vom Pferde herunter fielen!

Lustig.

Vernimm! Auf dem Rennplatze angekommen sah ich
Hanns ängstlich in einem Winkel stehen; schnell nahm ich
meinen Pharaos Ratakalabaros Bart, schnallte ihn an, und
zog Hanns an den Ohren. Hanns fuhr ich ihn an: mit mir
hast du es zu thun! bleich und zitternd schlich er fort. Jezt

kam die Reihe an uns, ich nahm den Bart herunter, und
sezte mich auf den Engländer. Hanns zögerte, und nur die
Donnerstimme des Futtermanns vermochte ihn, den Ka=
stanienbraunen zu besteigen; mit Blitzesschnelle flogen wir
die Bahn dahin: aber Hanns war dergestalt confus, daß
er das Pferd grundfalsch leitete. Als ich ihm nahe war,
legte ich mich auf die Seite, schrie ihm zu: „Walla willi
Barbara Schnak" und er fiel vor Schrecken, und ich, das
Gleichgewicht verlierend, aus Ungeschicklichkeit vom Pferde.

Orgelpest.

Herrn Futtermann hätten Sie hören sollen, der schrie
und schimpfte in einem fort auf den Hanns.

Lustig.

Haben meine bestochenen Bursche ihre Sachen gut ge=
macht? Sind sie ihm tüchtig zu Leibe gegangen?

Orgelpest.

Grün und gelb wurde er vor Zorn. Da kam 1.) ein
Jude, und sagte: „Herr Futtermann, als se mer müße
„hundert Dukata gibe, mei Rahel hat de Arm gebroche
„wegen dem Feuerlärm," den Teufel bekommst du, sagt
er ärgerlich! Nun wurde er von einem Geiger verfolgt,
der ihn auf dem ganzen Plaße herumtrieb, und als vollends
das alte Weib ihm in's Ohr schrie: „Ratakalabaro aus
„Dinkelsbühl hält Wort," rief er aus: „Jezt fangt mit mir
an, was ihr wollt, ich habe keinen Kopf mehr." —

Lustig.

So ist's recht, jezt geht es gut!

Sechszehnter Auftritt.

Die Vorigen. Solms. Walter.

Solms.

Herr Lustig, ich habe bereits ihre Heldenthaten vernommen.

(heftet fest ihre Blicke auf Accordi)

Lustig.

Gestürzt bin ich zwar, gnädige Frau, aber ich bin wieder aufgestanden, nichts ist verloren.

Walter.

Er ists! —

Accordi (zu Lustig).

Kommt dir der Herr (auf Walter hinblickend) nicht bekannt vor,

Lustig.

Hol mich der Teufel, Herr Bruder! das ist ja der Mann, der dich ins Institut nach Berlin brachte.

Solms
(zu Accordi und Lustig).

Es scheint, Sie kennen den Herrn?

Accordi.

Er ists! — Glücklicher Augenblick! der vielleicht die Nebel zerstreut, die meine Herkunft verdunkeln. (zu Walter) Mein Herr! sind Sie es, der mich als Knaben nach Berlin brachte?

Walter (gerührt).

Ja, ich bins, Sohn meines Freundes!

(umarmt ihn)

Accordi.

Sie kennen also meinen Vater?

Walter.

Er war mein bester Freund.

Accordi (traurig).

Er ist todt?

Walter.

Leider!

Accordi.

Wer konnte ihn veranlassen, so grausam an mir zu handeln, mich fern vor sich zu halten?

Solms.

Ich — ohne es zu wissen.

Accordi. (erstaunt).

Sie, gnädige Frau?

Hedwig.

Sonderbar.

Walter.

Sehr natürlich. Falsche Schaam hielt Ihren Vater ab, seiner liebenswürdigen Gattin zu entdecken, daß er einen Sohn habe.

Accordi.

Und die gnädige Frau, wie kommt sie in Beziehung mit meinem Vater, wie Sie vorhin selbst zu sagen beliebten?

Solms.

Dadurch, daß ich zehn Jahre seine treue Gattin war.

Alle (erstaunt.)

Wär's möglich!

Accordi und Hedwig.

Liebe, gnädige Frau!

Lustig.

Gnädige Frau, ich gratulire zu einem solchen Sohne.

Accordi.

Darf ich hoffen? Kann ich von dieser gnädigen Hand den mütterlichen Segen erflehen?

Das Volksfest.

Solms.

Ihre wahre Mutter ist todt. Wollen Sie mich als Mama anerkennen? Mir ist so ein braver, folgsamer Sohn willkommen.

Accordi.

O aus dem Grunde meiner Seele.

(Hedwig und Accordi reichen Solms die Hände, sie umarmt die Erstere und bilden eine Gruppe, während Lustig das Folgende spricht. Ein Adagio wird während diese Scene entfernt gehört.)

Lustig.

Viktoria! dem Herrn Bruder wäre schon geholfen; eine gnädige Frau Mama öffnet liebend ihre Mutterarme, und wird auch mit Myrthen dich begränzen. Alle Sorgen sind verschwunden. Meine weitere Bemühungen, den Liebeshimmel zu erheitern, sind nun nicht mehr nöthig, und du, geplagter Futtermann, kannst endlich in den Hafen der Ruhe segeln. Der wird aufsehen, wenn er den Bauer, Polizei-Commissär und Pharao Natakalabaro Schwarzkünstler aus Dinkelsbühl in e i n e r Person erkennt. Meine Herrschaften! dort seh ich ihn gerade hieher steuern. Nun wird's wieder losgehen.

Siebenzehnter Auftritt.

Vorige. Futtermann. Hanns.

(Man hört schon hinter den Coulissen schreien, er ist mitten unter einem Haufen von Leuten verschiedenen Standes, welche von Lustig gedungen sind, er spricht Folgendes im Hintergrunde.)

Futtermann.

Satansvolk, weichet von mir! hört auf, mich zu plagen, ich will ja gerne das Schmerzengeld für eure verkrüppelten Männer, Weiber und Kinder bezahlen. — Laßt mich in's Teufelsnamen nun in Ruh! ich bin ja ohnedies halb toll. — Hört denn heute das verruchte Leben gar nicht auf, hat mich denn der Teufel heute allein auf dem Korn, und es nur auf mich abgesehen? — Wollt' ja in alles willigen, bin ja so mürbe geworden, daß ich meine Tochter jezt dem ersten besten hergelaufenen Vagabunden oder Musikanten an den Hals werfen könnte, wenn er sie haben will? Sie ist ja so nur an allem Spektakel schuld.

Lustig

(heftig zu den Leuten, welche Futtermann umgeben. — Wenn er zu sprechen anfängt, tritt Futtermann erschrocken und erstaunt einige Schritte zurück.)

Fort von ihm! wage es keiner mehr, den Herrn anzutasten, er steht unter meinem gewaltigen Schutz, kein Haar soll ihm gekrümmt werden, sonst habt ihr's mit mir zu thun!

(Sie entfernen sich einige Schritte von Futtermann, welcher sodann in den Vordergrund tritt.)

Futtermann.

Gott steh mir bei! das ist der Pharao aus Dinkelsbühl.

Lustig

(mit jedesmal veränderter Stimme).

Ja, es ist der Pharao Ratakalabaro aus Dinkelsbühl, noch mehr, es ist auch der Bauer mit der stummen Tochter.

Futtermann.

S'kommt immer besser.

Lustig.

Noch mehr! er ist auch das — durch den Ton einer Geige tief gerührte Polizei-Commissärherz von diesem Morgen, und noch mehr, er ist auch derienige, der mit Hanns, dem Esel, das Wettrennen versuchte.

Hanns (zu Futtermann.)

Und noch mehr, ich glaube, daß es auch der Teufel selbst ist — diesen Morgen war er auch der Wirth, und und izt hat er mich einen Esel geschimpft.

Futtermann
(hält Hanns den Mund zu.)

Halt's Maul, Dummkopf, ich will nichts mehr hören. (zu Lustig.) Ich glaube, daß Sie alles sind (befühlt sich) und wir gar nichts; — ich will ja einwilligen — in Alles! Herr Alles. Schaffen Sie mir nur den Musikus und meine Tochter, daß ich ihnen die Hände zusammen drehe.

Lustig.

Sollen gleich da seyn. (Holt sie auf der Seite hervor und führt sie zu ihm.) Jezt fehlt nichts mehr, als der Segen.

Futtermann.

Kommt her, geschwind: da nehmt euch, und damit basta! Der Todesschweiß bricht mir aus! —

Hedwig und Accordi.

Lieber Vater!

Solms.

Halt! nicht so geschwind, Herr Futtermann.

Futtermann.

Kommt auch die noch, was soll's denn? Den ganzen lieben Tag plagen mich die gnädige Frau (karikirt etwas). „Herr

Futtermann" heißts: „Sie müßen ein für allemal Ihre Tochter dem Accordi geben, machen Sie das Pärchen glücklich; sie lieben sich unendlich, und da ich's jezt zugeben will, machen Sie wieder Umstände. Ich sage: sie müßen einander haben. (sieht Lustig bedenklich an) Es hat ja mit Fraktur-Schrift am Himmel gestanden, und da können wir nichts dagegen haben. Nicht wahr, mein Herr Nataka — Klick-serklakser, oder wie Sie heißen?

Lustig.

In keinem Fall.

Hanns.

Die gnädige Frau hat ganz Recht, Herr Futtermann.

Futtermann.

Schaafskopf! was geht es Ihn an, laß Er sich die Ge-danken an Hedwig vergehen, bleib Er, was Er war; und Sie, gnädige Frau, warum, soll ich denn meine Einwilli-gung noch zurückhalten?

Solms.

Weil ich gleiche Rechte in der Sache habe.

Futtermann.

Sie? — gleiche Rechte? Wie? Ich bin ja der Vater!

Solms.

Und ich die Mutter!

Futtermann.

Sie ist meine Tochter!

Solms.

Und er ist mein Sohn!

Futtermann (für sich.)

Alle Teufel! mit der ist's am Ende auch im Kopfe nicht richtig. (laut) Gnädige Frau, (auf Accordi deutend) dieß ist Ihr Sohn.

Solms.

Wie ich gesagt habe.

Futtermann.

Ha ha ha ha! Verstehe, — der Herr Pharao treibt auch seinen gnädigen Spaß mit ihr.

Hedwig.

Vater! ganz gewiß, Herr Accordi ist ihr Sohn.

Accordi.

Ja, lieber Herr Futtermann, ich Glücklicher darf die gnädige Frau Mutter nennen.

Lustig.

Es ist so, mir werden Sie doch glauben?

Futtermann (schnell).

Gehorsamer Diener, ja — wenn Sie reden, da ist's was anders, wenn Sie Herr Pharao es sagen, dann ist's richtig. (für sich) Bravo! jezt steigt er doch auch hinter die Andern.

Solms (zu Lustig).

Jezt ist es einmal Zeit, daß der holländische Nebel, der seinen Kopf verdunkelt; zerstreut wird.

Lustig.

Aus reinem Himmel wird aber Herr Futtermann ein schreckliches Donnerwetter auf mich herabschleudern.

Solms.

Ein gewandter Kopf, wie Sie, hat Blitzableiter. (zu Futtermann.) In der That, Herr Futtermann, er ist mein Sohn.

Futtermann.

Zweifle keinen Augenblick, meine Gnädige.

Solms.

Um sogleich in's Reine zu kommen, bemerke ich Ihnen blos, daß Sie von uns sowohl, als von diesem angeblichen Pharao hintergangen worden sind.

Futtermann.

Hintergangen! Poß Velten und kein Ende!

Hedwig und Accordi

Verzeihung!

Lustig.

Pharao Natakalabaro, Schwarzkünstler aus Dinkelsbühl, ci-devant in Diensten beim Doktor Faust; mehrmals Herrn Futtermann unter verschiedenen Formen vorgekommen, ist ein veritabler Mensch; hat Fleisch und Bein, nennt sich Lustig, und bedient sich in Nothfällen der List, um zu Zwecken zu kommen.

Futtermann.

Alle Teufel! so sieht es aus. Zum Narren hat man mich also gehalten.

Lustig.

Ein wenig, Freundchen — ein wenig, Pachter Futtermännchen.

Futtermann (wüthend).

Donnerwetter! jezt will ich erst thun, was ich will. (zu Hedwig.) Du warst auch im Complott, büße es (führt sie zu Hanns). Dieser wird dein Mann.

Hanns.

Na, jezt kommt doch noch die Reihe an mich.

Futtermann.

Mich den ganzen Tag wie einen Esel herum zu tummeln, mir solche Angst in den Leib zu jagen!

Luſtig.

Walla', Willi barbara Schnak.

Futtermann.

Ich will Ihn beſchnacken. — Geh'n Sie zum Teufel.

Solms.

Herr Futtermann! vernehmen Sie einige ernſtliche Worte.

Futtermann.

So, jezt ſoll der Ernſt kommen, nachdem man den gan=
zen, lieben Tag Narrheiten mit mir geſpielt hat.

Solms.
(führt Hedwig und Accordi in Futtermanns Nähe).

Accordi iſt mein Sohn.

Futtermann.

Soll der Spektakel ſchon wieder anfangen?

Solms.

Mein Wort gebe ich Ihnen darauf, er iſt mein Sohn.

Futtermann.

So ſo! von dem hat aber der verſtorbene gnädige Herr
kein Wort gewußt.

Walter.

Erinnern Sie ſich eines gewiſſen Röschens Müller?

Futtermann.

War ja ein Bäschen von mir.

Walter.

Sie hatte Bekanntſchaft mit dem gnädigen Herrn, und
iſt bei Verwandten in der Ferne geſtorben.

Futtermann.

Blitz und Hagel, jezt geht mir ein Licht auf, wie ein
Waldbrand. Ich wollte ſie heirathen, ſie war aber damals

schon in den gnädigen Herrn verschossen, und gab mir einen tüchtigen Korb.

Lustig.

Die Sachen gehen ja prächtig, nur weiter, Futtermännchen.

Solms.

Herr Futtermann! ich setze ihn zu meinem Erben ein.

Accordi und Hedwig.

Liebste, beste, gnädige Frau!

Solms.

Er nimmt meinen Namen an, und zieht auf mein Gut.

Futtermann.

Und läßt den Musikanten fahren, treibt Landwirthschaft, ja, das ließe sich hören.

Lustig.

Heirathet Hedwig!

Hanns.

Und ich bekomme sie nicht zur Frau?

Futtermann.

Recht gesprochen. — Und du bekommst sie nicht zur Frau.

Hanns.

Heißt das Wort gehalten, Herr Futtermann? Thun mir so noch alle Knochen im Leibe weh von dem Purzelbaum vom Gaule, bei dem vermaledeiten Wettrennen; Gott verzeihe mir die Sünde, und wen soll ich denn jetzt heirathen, he?

Futtermann.

Ich bin heute viel zu vornehm, um Wort zu halten, und heirathen kannst du meinetwegen die alte Lise, meine Viehmagd.

Wir wären also am Ziele. —

Futtermann.

Verstehe, gnädige Frau?

(Solms nimmt Hedwig an der Hand, Futtermann Accordi; sie führen sie zusammen.)

Seyd glücklich.

Accordi.

Meine Hoffnungen sind erfüllt, ich bin glücklich.

Hedwig.

Ich auf ewig.

Lustig.

Ja, Euch winkt die Liebe zu himmlischer Lust, Euer Sehnen ist gestillt, ich armer Teufel bin aber den Lebensstürmen preis gegeben, und woge unsicher umher.

Solms.

Sie bleiben bei uns, und sollen sich nicht mehr von Ihren Freunden trennen, wenn Ihnen dieses Anerbieten der Annahme werth genug scheint.

Lustig.

Gnädige Frau, bereuen sollen Sie es nicht. Ich will Ihr Dorf beleben, daß es bald wie in der Residenz hergehen soll — die Langeweile soll, so lang ich lebe, nicht Wurzel fassen. (zu Futtermann.) Und wir, Papa, müssen Freunde werden.

Futtermann (zu Lustig).

Ich kann dem Hauptspitzbuben auch nicht länger gram seyn, komm Er her, Er Staatswindbeutel. (umarmt Lustig.)

'ß soll alles vergessen seyn. — In acht Tagen ist Hochzeit Alle, wie Ihr da steht, seyd geladen. — Der Wein soll in Strömen fließen, und Kuchen laß ich backen, so groß wie das Schlachtfeld von Waterloo. Die Verlobten sollen leben!

(Die anwesenden Bauren und Bäurinnen.)

Hoch!

(Hinter der Scene fällt eine Musik ein.)

(Der Vorhang fällt.)

CPSIA information can be obtained
at www.ICGtesting.com
Printed in the USA
BVHW041049230119
538482BV00003B/16/P

9 780666 049322